à Bernadette,

avec [...]

a[...],

Claude

La Sortie
est à
l'intérieur

Note sur l'auteur :

L'auteur, né en 1945, détient un doctorat en psychologie (Ph.D.) de l'Université de Montréal (1973). Il a enseigné la psychologie au Cégep Édouard-Montpetit en 1969-70, et à l'Université de Sherbrooke, de 1972 à 1976. En 1976, il donne sa démission et amorce une recherche spirituelle intensive qui fait l'objet du présent ouvrage. Depuis 1982, il pratique en cabinet privé la psychothérapie et la massothérapie à Montréal. «Méditant» depuis près de 30 ans, il anime également depuis cinq ans des ateliers de méditation.

Il a déjà accordé plusieurs entrevues à la radio et à la télévision. La dernière, qui consistait en une entrevue relatant son parcours personnel et spirituel, et réalisée à la chaîne culturelle de Radio-Canada, a été publiée sous le titre *La voie du cœur*, en mars 2000 (Éditions Fides), aux côtés d'Antonine Maillet, Andrée Ruffo, Jean Vanier, Yehudi Menuhin, et plusieurs autres.

Vous pouvez rejoindre l'auteur
au numéro suivant:
(514) 525-1782

CLAUDE LECLERC

LA SORTIE
EST À
L'INTÉRIEUR

Une invitation au voyage spirituel

Données de catalogage avant publication (Canada)

Leclerc, Claude, 1945-

La sortie est à l'intérieur : une invitation au voyage spirituel

Autobiographie.

ISBN 2-89466-060-X

1. Vie spirituelle. 2. Méditation. 3. Vie – Philosophie. 4. Leclerc, Claude, 1945-   . I. Titre.

BL624L422001   291.4'4   C2001-941179-0

Nous reconnaissons l'aide financière du gouvernement du Canada par l'entremise du Programme d'aide au développement de l'industrie de l'édition (PADIÉ) pour nos activités d'édition.

Conception graphique
de la page couverture : Carl Lemyre

Photographie
de la page couverture : Claude Leclerc

Photographie
de l'auteur : Maria Paola Quintiliani

Infographie : René Jacob, 15ᵉ avenue

Copyright © 2001 Éditions du Roseau, Montréal

ISBN 2-89466-060-X

Dépôt légal : Bibliothèque nationale du Québec, 2001
                    Bibliothèque nationale du Canada, 2001

Distribution : Diffusion Raffin
                    29, rue Royal
                    Le Gardeur (Québec)
                    J5Z 4Z3
                    Courriel : diffusionraffin@qc.aira.com

Site Internet : http://www.roseau.ca

Imprimé au Canada

Pour que l'humanité survive, il faut que des millions d'hommes et de femmes entrent profondément à l'intérieur d'eux-mêmes.

PRÉFACE

Un jour, alors que Claude Leclerc était dans la vingtaine, un jeune Californien en route vers Israël lui montra la voie lactée en disant : « *This is our home !* »

« Oui », dit l'auteur dans son journal de l'époque, « ma maison n'était pas cette boîte en bois dans laquelle je dormais tous les soirs. J'habitais un soleil, une galaxie, l'univers était ma maison. » Cette découverte se fit dans une sorte d'exaltation, d'état second et de romantisme spirituel. Quand « le vent de la vie » s'engouffre ainsi chez une jeune personne, on assiste à une seconde naissance. Les anciens disaient que tout être doit naître deux fois : la première fois, la naissance physique du ventre de sa mère ; la deuxième naissance, elle, est initiatique et consiste à retraverser le miroir, à vous rappeler d'où vous venez, et à prendre conscience de la dimension mystérieuse et invisible de l'existence. Autrefois, ce moment d'initiation était préparé soigneusement par les Vieux et se faisait dans ce qu'on appelle un état élargi de conscience.

Inévitablement cela constituait une véritable révolution dans la perception, une façon radicalement nouvelle de comprendre et d'interpréter le monde. Dans certaines cultures, chez les Indiens d'Amérique notamment, on considère qu'un adulte qui n'est pas né une seconde fois n'est jamais tout à fait un homme. Et on considère que la maturité consiste à être capable de jouir de ce monde-ci aux formes enchanteresses ou horribles tout en sachant très bien qu'il existe un autre monde, invisible celui-là, qui se juxtapose ou plutôt se tisse au nôtre.

L'histoire et les propos que vous lirez ici ont trait à cette deuxième naissance. Pas une initiation donnée par les Vieux de la tribu mais, en l'absence de Vieux et de contenant culturel adéquat, une sorte d'auto-initiation qui a été le fait de toute une génération, je parle bien sûr de celle des années 70. Que ce soit via le sexe, les drogues, la thérapie, un maître spirituel ou la méditation, l'auteur fait état de cette soif et de cette faim qui sont endémiques dans la culture actuelle. Dans un univers de machines complètement réducteur de l'expérience humaine, la découverte fraîche et excitante qu'il n'existe pas qu'un niveau de conscience, que la vie est beaucoup plus vaste que ce que l'on nous a dit, tient de la Révélation. Ce sont ces diverses révélations et cette quête incessante d'initiation avec ses hauts et ses bas que Claude Leclerc prend le risque de partager avec nous. Le risque étant de s'exposer dans ses fragilités comme dans ses forces. Voici un témoignage authentique. Au cours de ces pages écrites sur plus d'une vingtaine d'années, quelqu'un s'invente, se cherche, et se trouve devant nos yeux. Quand les mots manquent, la poésie prend le relais. C'est beau !

J'ai reconnu au détour de beaucoup de pages ma propre expérience faite de doutes, de chutes, de bons coups et d'ouverture, et cela m'a touchée. Le livre se veut aussi une sorte de manuel pratique qui donne des balises à ceux qui entreprennent une démarche de méditation. L'auteur, qui a une longue expérience sur le tas, recadre constamment les idées toutes faites, erreurs de jugement et de parcours qu'on fait inévitablement dans ce domaine. On ne parle pas de piété sérieuse et morne, ici, mais de totalité, de passion de vivre. Ces mises au point seront précieuses pour celui qui s'aventure seul dans ces eaux. Nous avons besoin d'entendre ce type d'histoires parce que nous bâtissons les uns sur les autres. Pas juste des *curriculum vitae*, pas juste des «*success stories*» qui parlent des étapes marquant notre accession à différents niveaux de l'échelle sociale, mais des histoires qui ont une texture intérieure, des événements qui de l'extérieur peuvent sembler insignifiants mais qui peuvent avoir une immense signification intérieure. Des histoires comme celle que Claude nous raconte sur son passage dans le labyrinthe de la vie agissent comme un miroir de nos propres histoires.

PAULE LEBRUN

Auteure de *La déesse et la panthère*, chroniques d'Extrême-Occident, et directrice de Ho, École québécoise de rites de passage

PROLOGUE

*P*rends mon cœur de papier
toi qui tiens ce livre,
mon cœur d'épinette et de sapin.

Lis, s'il te plaît,
avec les oreilles de ton cœur.

Entre les lignes de ces pages,
l'eau de ma rivière
parle
à tes petits-enfants.

1

Un voyage au pays du fond des choses

Je suis né dans une maison qui n'existe plus, sur une rue qui n'existe plus. On a tout enlevé pour bâtir une autoroute qui ne fut jamais construite.

L'absurdité est le sens de la vie.

De la même façon, la main qui écrit ces lignes disparaîtra un jour. De façon aussi absurde. Elle disparaîtra parce qu'elle est apparue.

Mais dans le cœur de cette main, il y a de la tendresse pour cette absurdité parce que dans le cœur du cœur de cette main, il y a autre chose de plus beau, de plus fort. Dans le cœur du cœur de cette main, il y a un pays où les ruisseaux ne s'arrêtent jamais de couler, où les arbres reposent en paix pour toujours dans les bras du vent.

Dans ce pays, nous ne sommes ni jeunes ni vieux, ni grands ni petits, ni beaux ni laids. En fait, dans le cœur de ce pays du fond des choses, il n'y a plus ni absurdité ni tendresse. Il n'y a plus que le cœur du cœur, éclairé par la lune du cœur. Il n'y a plus qu'un « clair de cœur ».

Pour voyager dans ce pays, il faut perdre tous ses bagages, le sens de l'orientation et l'adresse de tous les hôtels. Dans ce pays, il n'y a plus aucune maison, aucune rue, aucune naissance, aucune mort.

Ce pays, c'est le Silence.

Le voyage spirituel est un périple à plusieurs allers-retours entre le ciel et l'enfer, entre l'amour et la peur, à chercher la maison et la rue de sa naissance, à chercher la liberté derrière les barreaux, à chercher un sens à ce qui n'en a pas, à chercher le moyen d'arrêter de chercher, d'arrêter de trouver, d'*arrêter*. D'arrêter de croire surtout. De croire à l'amour, à la peur, à la liberté, à la souffrance. Chaque croyance est un jugement, chaque jugement est un écran qui cache un juge, un pauvre juge, perdu, exilé. Arrêter... pour enfin s'abandonner à ce pays si proche et si lointain dissimulé derrière chaque instant qui passe. Pour s'abandonner au Grand Silence, au Silence qui chante derrière le silence, au Silence qui luit derrière la nuit, au Silence qui prie derrière l'âme.

2

L'impasse salutaire

M étro, boulot, dodo, hypothèque, sécurité. Sécurité hypothéquée.

Plan de carrière, plan de vie, *burn-out*, cœur brûlé.

Pour entreprendre le voyage, il faut d'abord s'arrêter. S'arrêter de tourner comme des toupies en faisant du sur-place. Arrêter de regarder toujours en avant ou en arrière pour diriger le regard vers l'intérieur.

J'avais 21 ans quand la vie m'a pris au collet et tassé dans un coin pour intercepter ma course.

Je venais de me marier. Ma femme et moi étions accrochés l'un à l'autre comme à une bouée de sauvetage.

Et puis je l'ai vue...ELLE !

Un lever de soleil sur mon cœur... Mais je n'ai rien dit, rien fait.

Puis, elle m'a vu elle aussi. Nous avons ri ensemble. Chaque jour, elle m'invitait dans son jardin. Chaque fois, j'avais peur, je tremblais, mon corps tremblait. Plus elle me tirait vers elle, plus je m'accrochais à ma bouée. Elle était délurée, ouverte comme un printemps. J'étais coupable, paralysé, écartelé.

Puis, un soir, un circuit a sauté dans ma tête. Mon cœur s'est brisé, mon cœur de porcelaine. L'angoisse s'est mise à couler sur ma vie. La peur avait eu raison de l'amour.

Chaque nuit, noyé dans mon désarroi, je voguais à la dérive sur un bateau troué, en proie aux requins, aux monstres marins.

Je lui montrai ma douleur. Elle pleura un peu. Beaucoup peut-être. Puis son regard séduisit d'autres yeux.

Alors ce fut la débandade. Chaque soir, je me couchais tôt avec mes deux valiums et mes bouche-oreilles et je plongeais dans le cauchemar pour ne refaire surface que vers midi le lendemain, épuisé, vidé de ma substance. Ma femme, inspirée sans doute par mon absence, s'est mise à fréquenter un autre lit. C'était l'impasse. L'impasse totale.

Acculé au pied du mur, j'avais le choix entre me contracter davantage, augmenter en fait la souffrance en lui résistant, ou bien ouvrir les yeux et regarder la terreur en face, accepter l'invitation au voyage, accepter de suivre ma grande sœur la Vie qui venait si adroitement d'interrompre ma course.

Mais... avais-je vraiment le choix? Le désir de vivre tout simplement était trop fort.

Après une première phase de confusion et de révolte, j'entrepris une psychothérapie. Deux années et demie à déterrer dans les bas-fonds de ma psyché les lugubres créatures qui suçaient mon énergie vitale et me plongeaient dans la dépression. Progressivement, une sorte de passion s'empara de moi, passion qui voulait pulvériser la peur. Un jour, au milieu d'une crise de colère innommable, je tranchai à la hache le cordon ombilical et une bonne partie de la culpabilité qui me liait à la vie. Grande douleur pour tout le monde.

Et ce fut l'explosion: je devins végétarien, commençai à faire de l'exercice et à me réveiller chaque matin avec une douche froide. Je prenais ma vie en main et le taureau par les cornes. L'exploration devenait de plus en plus consciente.

Je commençai à consommer toutes sortes de substances défendues, ce qui m'ouvrit grandes les portes de mon inconscient rempli à craquer de sexe et de drame. Mon premier trip de marijuana fut comme une libération après 25 ans de captivité. Dans un premier temps, beaucoup d'angoisse : les murs de ma peur, de ma prison, que je traversais. Puis, une légèreté extraordinaire, avec les tabous qui sautaient les uns après les autres.

Et ce fut le premier voyage en Californie, La Mecque du *peace and love*. C'était en 1971, l'époque où l'on mettait des fleurs aux canons des fusils et où l'on proclamait bien haut qu'il vaut mieux faire l'amour que la guerre. L'époque où les drogues hallucinogènes branchaient les esprits sur un autre monde, un monde où les expressions « réussite sociale », « valeurs familiales » et « produit national brut », n'avaient plus aucun sens.

J'eus l'impression très nette, en arrivant dans cette ferme « éclatée » au cœur de la Californie, d'être débarqué au paradis. Devant moi, des dizaines d'hommes et de femmes vivaient nus sur des dizaines d'acres de campagne qu'ils cultivaient ensemble, échangeant avec leurs voisins, aussi nus et libres qu'eux, leur lait de chèvre contre un peu de pot, des fruits contre des légumes, ou du pain maison contre un litre de vin. La vision de tous ces corps bronzés dans la verdure, sur les toits des maisons, en haut d'un pont en construction, libéra en moi une joie sans nom. Comme tous les « baby-boomers », j'avais vécu toute mon enfance et mon adolescence dans le carcan catholique où le corps était nié, opprimé, asphyxié. Là, pour la première fois peut-être de ma vie, j'avais l'impression de prendre une grande bouffée d'air frais. Pour la première fois, j'avais l'impression que mes poumons s'ouvraient à leur pleine capacité.

Les quelques jours passés dans cette ferme, et aussi les quelques semaines dans une autre communauté à Berkeley, ont constitué pour moi une véritable initiation. En quittant la Californie, je n'avais plus qu'une idée en tête, qu'un cri dans le cœur : « Moi aussi je veux vivre comme ces gens, LIBRE ! »

De retour à l'université, je dus me plonger dans la recherche sur la perception spatio-temporelle, en vue de compléter mes études doctorales. Mais le cœur n'y était pas. Les connaissances scientifiques ne me procuraient plus qu'une bien courte excitation. C'était la vie dorénavant qui m'intéressait, la vraie vie, celle qui fait vibrer tout le corps.

Un an plus tard, je décrochais un poste de professeur dans une petite université de province et me retrouvais sur « ma terre ». Peu de temps après, une communauté de huit personnes était née. Le cannabis et ces nouveaux amis allaient vite m'aider à abattre les murs de toutes mes écoles, collèges et universités intérieures. Je n'aspirais plus qu'à la liberté, qu'à l'éclatement de toutes les structures. Des textes éclatés, « libres » coulaient de ma plume dans une sorte d'écriture automatique :

Tout l'monde est en prison !
Libérez s'il vous plaît !
Je suis chaud !
Permettez-vous que je rêvasse de vous
et de tout
par l'intermédiaire apocalyptique
du baron Le Soleil,
dernier spasme de la bourgeoisie parabolique,
incessamment diffusée,
et taxée de sodomie,
par les putréfacteurs de nos âmes ?

Tout l'monde est en prison !
Le panier de ma désinvolture
ne rejoint guère l'obélisque de vos fioritures.
Les singes mangent du cochon.
Tout l'monde est en prison !
Les barreaux ressemblent à des avocats.
Les juges sont de chocolat.
Le jus de pêche sent le poisson.
La peur a les cheveux longs,
les fous sont en fleurs.
Tout pleure !
Tout l'monde vit en prison !
La raison en liberté conditionnelle...

Tout l'monde meurt en prison !
Les loyers sont pas chers,
les bananes franchement délicieuses.
Et on peut toujours regarder dehors,
de temps en temps,
pour voir passer les autobus...
En veillant sul'perron,
Tout l'monde meurt en prison !

D'autres fous aussi venaient de partout nous rendre visite et enrichir notre quotidien de leur mystère. Comme ce jeune Californien, en route vers Israël qui, un soir, me pointant du doigt la Voie Lactée, murmura dans mon oreille :

«*This is our home !*»

Oui, ma maison ce n'était pas cette boîte en bois dans laquelle je dormais tous les soirs. J'habitais un soleil, une galaxie. L'univers entier était ma maison.

Chaque jour, ma conscience s'agrandissait d'une image, d'une phrase laissées derrière par des voyageurs aux cheveux longs, aux yeux de lumière. Les soupers communautaires basculaient dans la fête à chaque fois. Autour de la grande table en bois de grange circulait le «calumet de paix», une grande tige de cannabis ornée de plumes et bourrée de rêve. Mais l'ivresse qui nous possédait ne venait pas seulement du haschich. La drogue ne faisait qu'ouvrir les portes et les fenêtres. C'était le vent de la vie qui s'engouffrait ainsi en nous.

Notre folie contaminait mon travail à l'université où j'arrivais souvent dans des accoutrements qui faisaient baisser la tête du doyen de la faculté quand il me rencontrait. Plusieurs étudiants étaient fascinés par notre style de vie à la fois radical et poétique. Certains venaient se baigner dans notre ivresse pendant quelques heures ou quelques jours et ajoutaient par leur présence une couleur de plus à l'arc-en-ciel des émotions qui composaient notre menu quotidien. Comme ce jeune Gaspésien qui m'initia à l'ésotérisme rosicrucien.

Pour la première fois de ma vie, j'entendais parler sérieusement de réincarnation, de méditation. Par réflexe, je poussai d'abord de hauts cris « scientifiques », mais durant la lecture d'un livre de Raymond Bernard sur la vie après la mort, de façon très inattendue, je ressentis puissamment dans mon ventre la vérité des informations divulguées par l'auteur. Comme si le voile venait de se lever sur un immense pays sans frontière, caché depuis toujours au fond de moi.

Je m'absorbai complètement dans cette nouvelle recherche. Moi qui n'étais pas un grand lecteur, je lisais passionnément deux ou trois livres par semaine. Devenu membre de l'Ordre Rosicrucien A.M.O.R.C., j'entrepris une étude systématique de l'ésotérisme théorique et expérimental. J'apprenais à développer ma concentration et m'initiais à la pratique de la méditation.

Ma première méditation... Quelque chose de très simple. Une prière qui devait me mettre en contact avec un état de conscience transcendant, cosmique. Aucune idée de ce qui m'attendait. Puis, la surprise de ma vie ! La répétition de l'incantation me transportait dans le même état qu'une cigarette de marijuana. Je dérivais dans une douce extase, en paix avec moi-même et avec tout ce qui existe.

Ces nouvelles expériences ajoutaient encore à la joie qui constituait déjà mon menu quotidien. J'avais l'impression de comprendre intimement cette transcendance, cette spiritualité dont on parlait dans mes livres.

Quelle chose extraordinaire ! Je pouvais avoir accès à des états extatiques sans l'aide d'aucune drogue.

3

La sortie est à l'intérieur

C'est donc en prenant un bain psychédélique de contre-culture que j'ai vécu mon premier éveil spirituel.

S'ils sont utilisés à des fins de recherche, les hallucinogènes peuvent jouer un rôle crucial au début d'une démarche intérieure. Évidemment, on peut utiliser ces drogues (comme toutes les autres) pour « décrocher » de l'angoisse, mais elles peuvent aussi (et elles le font plus souvent qu'on pense) servir à l'exploration. Comme dans le cas de l'alcool, du travail, de la télévision, du sexe, c'est l'usage qu'on en fait qui transforme ces produits en un médium de fuite, de compensation.

En fait, les hallucinogènes sont responsables de la révolution spirituelle qui fut à la source du mouvement Nouvel Âge. Mouvement de contestation tout d'abord puis de transformation profonde des valeurs, le Nouvel Âge est certainement ce qui s'est produit de plus rafraîchissant dans la conscience humaine depuis des siècles. Évidemment, aujourd'hui, toutes sortes de clowns, de faux gourous, de « vendeurs du temple », se sont greffés au mouvement pour le défigurer de façon importante. Mais le cœur de cette transformation socio-spirituelle, essentielle pour l'avenir de l'humanité, est toujours bien vivant et vibre encore des découvertes révolutionnaires réalisées à l'aide des drogues hallucinogènes dans les années 60 et 70. La principale de ces découvertes, c'est que la réalité est essentiellement spirituelle et que la mort n'est qu'un autre état de conscience.

Grâce au haschich et particulièrement à la mescaline et au L.S.D., l'Occident a fait un bond extraordinaire dans son évolution. Quelle extravagance d'oser affirmer une telle chose ? Je ne crois pas. Il ne reste plus grand-chose des années 60 et 70 mais l'éveil spirituel qui fut « chimique » au départ se poursuit toujours. Les drogues « hallucinogènes » nous ont montré le chemin. Les véritables chercheurs ont par la suite poursuivi l'exploration des profondeurs de la conscience à l'aide de la méditation et sont en train de poser les premières pierres du monde de demain.

Il n'y a que la méditation qui peut sortir l'humanité de la psychose matérialiste. On ne réalise pas jusqu'à quel point l'impasse planétaire actuelle est causée par une profonde déficience spirituelle parce qu'on ne se rend pas compte de la primauté du spirituel sur la matière. C'est ce que les champignons magiques et leurs petits frères chimiques nous ont permis de découvrir.

Mon parcours personnel s'est fait exactement dans cette lignée. Mes premiers joints m'ont ouvert les portes de mon inconscient, m'ont permis de réaliser un vigoureux nettoyage psychologique. Par la suite, mes expériences avec le haschich, la mescaline et le L.S.D., en court-circuitant mon mental rationnel, m'ont branché directement sur le cosmos. Soudainement, je n'étais plus seul. Je faisais partie du grand Tout.

Puis, la méditation a pris tout naturellement la relève et m'a permis non seulement de retrouver et d'intégrer les connaissances découvertes sous l'effet des drogues mais d'aller beaucoup plus loin.

Aucune drogue n'est une solution à quoi que ce soit. Souvent elles peuvent empirer l'angoisse plutôt que la calmer et même, parfois, provoquer des gestes extrêmes qui peuvent aller jusqu'à la violence contre soi-même ou les autres. À moins qu'elle ne soit utilisée à court terme dans un but de recherche personnelle, toute drogue ne peut qu'avoir des résultats douloureux. Mais aujourd'hui, à l'heure du Prozac et du Viagra, il devient presque malhonnête de faire une différence entre les drogues qui font l'affaire des politiciens et celles qui les dérangent. Le *burn-out* qui résulte du travail compulsif n'est pas moins dramatique que la déprime qui résulte d'une *overdose* de haschich ou de café. Et on a vu des ministres en Europe se suicider pour éviter de faire face au scandale sexuel. Est-ce vraiment différent du junkie qui se suicide à l'héroïne ? Et que dire de tous ces génocides, résultats d'une soif de pouvoir démesurée.

Il n'est certainement plus nécessaire aujourd'hui aux explorateurs spirituels en herbe de passer par les produits hallucinogènes, quoique rien dans mon esprit ne s'y oppose. Le réveil planétaire s'est déjà réalisé et les cadets peuvent maintenant « surfer » sur les vagues créées par leurs aînés. La méditation est beaucoup plus accessible que dans les années 60 et plusieurs personnes sont maintenant en mesure de guider les néophytes, ce qui n'était pas le cas il y a 30 ans.

Quand j'ai commencé avec les rosicruciens en 1974, je ne savais pas trop dans quoi je m'embarquais. Je pratiquais les exercices qu'on me recommandait : des visualisations, des concentrations. J'investissais beaucoup d'énergie, en particulier dans une pratique qui consistait à se concentrer sur les différentes parties du corps en retenant sa respiration. Pendant un an, j'ai « médité » de cette façon à raison d'au moins une heure par jour. Tous ces exercices me donnaient accès à des niveaux de conscience, donc de connaissance, différents.

Cette nouvelle compréhension, beaucoup plus sentie que réfléchie, s'exprimait à travers une écriture automatique que j'expérimentais comme « médiumnique ». Je me sentais l'instrument de ce que je nommais parfois « Dieu », le violon sur lequel il jouait sa musique. Plusieurs des paroles sorties de ma plume à cette époque n'ont été comprises par moi que plusieurs années plus tard, après qu'un développement spirituel important ait eu lieu.

Après un certain temps, je commençai à méditer à l'aide de mantras. Tout n'est que vibrations, disaient les rosicruciens. Les différents états de conscience correspondent à des fréquences vibratoires différentes et les sons chantés modifient cette fréquence. J'affectionnais particulièrement les sons MA et RA qui, chantés sur la note « la », me mettaient respectivement en harmonie avec l'énergie yin, féminine, maternelle, et avec l'énergie yang, masculine, paternelle, de l'Univers. J'adorais également chanter le son « Aum » (sur la note « ré ») qu'on disait contenir tous les autres sons. Le son même de l'Univers, semble-t-il, si l'on sait écouter.

Tous ces mantras généraient un délicieux silence en moi, me transportaient dans les mêmes jardins magiques, au creux de mon âme, où m'amenaient les autres pratiques que je faisais, mais avec une couleur différente. Le mystère s'approfondissait. Je progressais.

La méditation intensive conjuguée au jeûne total provoque souvent des ouvertures inattendues. C'est ce qui se produisit lorsque je m'isolai pendant trois jours et trois nuits dans la forêt pour méditer sur les écrits de Houeï-Nêng, sixième patriarche zen. Ce fut mon premier contact avec le vide derrière la matière, derrière l'ego. Rien n'est solide, tout est spirituel. Première réalisation de la différence entre la conscience et la pensée[*].

Tout l'art de méditer tient dans la capacité de laisser être la vie, l'énergie. Il ne s'agit pas d'évoluer mais plutôt de ne pas empêcher l'évolution de se produire.

Après ma rencontre avec Shree Rajneesh, la méditation s'est transformée en une histoire d'amour avec le Mystère divin. Explosions de l'ego, extases après extases, clins d'œil du Cosmos. Le « je » s'abandonnait à l'Être, à la jouissance d'Être. Et puis, pendant des années, la méditation est devenue une drogue. Eh oui ! Même la méditation peut devenir une drogue si on l'utilise pour fuir l'incarnation, le corps, la souffrance. J'allais me cacher, pour ainsi dire, dans l'Être, dans la paix. J'étais devenu dépendant de l'extase. La vie n'avait de sens que dans l'extase. Mais mon quotidien en était trop souvent

---

[*] Cette expérience est décrite en détail au chapitre 15.

exempt. Alors, hop... une petite méditation ! Après quelques années de ce régime, je commençai à ressentir de la frustration. Impression de tourner en rond, de plafonner.

Puis, vint « le dix jours » bénéfique de vipassana (dont il est question au chapitre suivant) et la redécouverte de l'équanimité : ne pas réagir, ne pas fuir les expériences négatives, ne pas s'accrocher aux positives. Rester neutre, détaché en toutes circonstances. L'extase devenait un phénomène à constater parmi d'autres, comme l'était la souffrance. Tout, à part la Présence-Témoin, n'est que changement, mouvement.

L'équanimité retrouvée, l'évolution pouvait reprendre son cours. Mais l'équanimité même peut devenir une drogue si elle devient une fin en soi. Elle n'est qu'un moyen.

Et un jour, l'Amour, le vrai, le Divin, le Cosmique, a jailli du fond du puits. Une fontaine de lumière chaude à travers le corps. Alors, la méditation, l'Amour et l'Être se sont confondus.

Aujourd'hui, il n'y a plus de différence entre la méditation et la vie. Le sens de la vie ne peut être que de laisser s'incarner le Divin dans la matière. Quand l'entité Claude Leclerc entre en méditation, c'est dans son propre Cœur Divin qu'elle s'abandonne, qu'elle se noie, pour en ressortir plus lumineuse, rafraîchie.

Évidemment, l'identification avec la pensée, la fascination pour le cinéma mental, reprend souvent le dessus ; mais de moins en moins. Car la méditation agit lentement mais sûrement. Lentement mais sûrement, le voile s'amincit ; l'illusion perd de son pouvoir.

Rappel d'une parole d'un ancien maître soufi dont j'ai oublié le nom : « Ou bien on se débat de toutes ses forces pour rester à la surface ; ou bien on se laisse couler et on atteint la profondeur. »

L'importance de méditer

Il n'y a rien de plus important que de méditer, au risque de manquer le bateau, de passer à côté de sa vie. Vivre sans être présent à l'instant qui passe n'est pas vivre vraiment. La méditation apporte cette présence et permet d'approfondir, de façon incommensurable, l'expérience de vivre tant au niveau physique que psychologique ou spirituel.

La présence au corps que la méditation apporte, au niveau physique, permet de déceler très rapidement les tensions qui prennent naissance à tout moment. Un corps conscient détecte immédiatement la moindre anomalie et facilite grandement la gestion du stress, la prévention et la guérison des maladies.

Au niveau psychologique, la méditation permet de développer une grande capacité de concentration qui, à son tour, facilite une plus grande productivité au travail, une plus grande maîtrise de sa vie en général. L'intuition, le pouvoir de guider sa vie par l'intuition, se développent. Ce qui amène une plus grande confiance en soi, en la vie, une plus grande capacité de prendre des risques, une plus grande créativité.

Au niveau psychique, perceptif, la grande sensibilité qui accompagne une plus grande présence à l'énergie permet le déploiement de perceptions «extra-sensorielles»: télépathie, prémonition, clairvoyance, etc.

Mais, tous ces «bienfaits» sont relatifs comparés à l'ouverture spirituelle que permet une pratique continue et persévérante de la méditation. Bien sûr, toutes sortes de phénomènes subtils peuvent survenir, indication qu'une purification est en train de se produire: sensations corporelles(chaud, froid), perception interne de couleurs, de sons, d'odeurs; mouvements involontaires et saccadés de la respiration ou du corps, visions, extases, ouvertures des «chakras». Cependant, toutes ces manifestations n'ont pas de valeur en soi, et on ne doit surtout pas s'y accrocher. Mais, encore une fois, elles sont des signes qu'un développement est en marche. En marche vers quoi? Vers la pleine réalisation du caractère illusoire de l'ego et de la nature essentiellement spirituelle, impersonnelle et cosmique, de notre être profond et de tout ce qui existe.

La méditation m'apporte tout cela et continue d'enrichir ma vie chaque jour. De la même façon, elle peut révolutionner la vie de quiconque la pratique avec la même sincérité, la même passion.

Il y a plus de 5 000 ans, Parvati, l'âme sœur et disciple de Shiva, lui demandait, remplie d'amour :

« Oh Shiva, quelle est ta réalité ? Quel est cet univers plein de merveilles ? »

Shiva ne lui répondit pas par un discours philosophique ou une démonstration ou déclaration quelconque. Simplement, il lui proposa une série de techniques de méditation. Dans un ouvrage unique en cinq volumes, *The Book of the Secrets**, Osho décrit et commente chacune de ces techniques, au nombre de 112.

La connaissance de soi et de l'univers ne peut être acquise par la réflexion philosophique, pas plus que par la recherche scientifique, pour la simple raison que ces méthodes ne nous permettent pas de sortir du mental individuel. C'est comme si on voulait connaître le monde sans jamais sortir de sa ville. La Réalité est *infiniment* plus vaste que tout ce que peut en déduire ou même en imaginer notre petit intellect. Pour connaître vraiment, il faut un procédé qui permette de percer une fenêtre dans le mur du mental personnel ; il faut une méthode qui ouvre les portes de l'Infini.

Intimité, solitude et méditation

Ce mental personnel constitué de nos pensées est notre prison, la cloison qui nous sépare des autres, de la vie. Et la

---

* Il existe une traduction française du volume #1 : *Le livre des secrets*, vol. 1, Paris, Albin Michel, 1983.

sortie est à l'intérieur. Shree Rajneesh définit la pratique de la méditation comme étant, entre autres, « l'art de transformer le sentiment d'isolement en une expérience de solitude positive[*] ». Le sentiment d'isolement est l'expérience de l'absence de l'autre, du manque. La solitude positive réfère plutôt à la plénitude ressentie quand « Je suis présent ». « La solitude devient alors un temple », nous dit-il.

Entrer en méditation veut dire pénétrer dans ce temple, s'abandonner à l'intimité véritable, une intimité profonde avec soi mais aussi, éventuellement, avec tout ce qui existe. Dans son sens le plus sacré, le mot « intime » signifie Dieu.

QUELQUES TECHNIQUES DE MÉDITATION

Technique # 1

La méditation la plus simple consiste à s'asseoir en silence, sans rien faire, et à attendre, selon l'expression zen, que « le printemps arrive et que l'herbe pousse d'elle-même ».

Plus concrètement, vous devez d'abord vous installer dans une posture confortable mais qui, en même temps, vous permette de garder le dos droit et de rester bien éveillé. Il s'agit alors de devenir réceptif au moment présent et d'accueillir dans sa conscience, indistinctement et sans y réagir, les différentes perceptions qui proviennent de l'intérieur du corps ou de l'extérieur, autant que les pensées ou les émotions qui peuvent surgir à tout moment. Cette technique peut se pratiquer les yeux mi-ouverts ou fermés.

L'attention reste au neutre sans se concentrer sur rien de particulier. Dès qu'on réalise qu'on a quitté l'instant présent en se laissant emporter par ses pensées, on revient tout simplement

---

[*] *The Book: an Introduction to the Teachings of Bhagwan Shree Rajneesh*, Series III, Rajneesh Foundation International.

à l'état de réceptivité, sans réaction ni jugement. Avec le temps, l'identification se fera de plus en plus avec le témoin impersonnel de l'expérience et de moins en moins avec son contenu.

Cette technique est la plus simple dans le sens que le « méditant » n'a absolument rien d'autre à faire que de revenir inlassablement à l'état de vigilance. C'est la technique la plus simple, mais aussi peut-être la plus difficile.

Technique # 2

Pour les débutants, il est sans doute plus facile de se concentrer sur la respiration. Il s'agit alors de prendre conscience de toutes les sensations impliquées dans le processus respiratoire : le mouvement d'expansion et de contraction de la cage thoracique, les sensations générées par l'air qui entre et qui sort par la bouche, par les narines, etc. Très vite, on réalisera que la conscience n'est pas libre de se concentrer à sa guise, même sur quelque chose d'aussi simple que la respiration. Très vite, on se retrouvera dans ses pensées. Il faut alors revenir encore et encore à l'objet de la concentration. Avec le temps, l'exercice deviendra plus facile. Avec le temps, le méditant se sentira de plus en plus unifié avec sa respiration et l'espace-témoin occupera de plus en plus de place.

Technique # 3

Avec cette technique, il s'agit d'explorer les différents paysages sensoriels à l'intérieur du corps. On peut commencer par les pieds et monter progressivement jusqu'à la tête en scrutant sous la « loupe » de l'attention les moindres sensations de chaleur, de pression, de douleur ou de plaisir, dans tous les recoins du corps. On peut s'aider au début en retenant l'inspiration pendant qu'on se concentre, ce qui amplifie, et le pouvoir de concentration, et l'intensité des perceptions.

Avec le temps, on en viendra à détecter des sensations de plus en plus subtiles qui n'auront plus rien à voir, à un moment donné, avec le corps physique. La capacité de présence à l'instant augmentera et le sentiment de séparation entre le corps et l'environnement s'amenuisera progressivement.

Quoi qu'il arrive, il s'agit de rester neutre, équanime, devant toutes ces sensations, qu'elles soient agréables ou désagréables. Il s'agit de constater simplement les diverses formes que prend l'énergie, sans rien ajouter, sans rien enlever.

Peu à peu, le témoin impersonnel se détachera de l'expérience. On pourra alors l'intégrer à la méditation en gardant, pour ainsi dire, un œil sur les sensations et l'autre sur le témoin de ces sensations.

La pratique

À un certain stade, l'idée même de pratiquer une technique, quelle qu'elle soit, disparaîtra. Restera simplement le besoin de revenir sans cesse à l'instant présent et au témoin. Méditer ressemblera alors à ce qui a été décrit dans la technique #1, qui s'approche de « l'état » méditatif comme tel, dans lequel toute distinction disparaît entre intérieur et extérieur, matériel et spirituel.

Il est très important de ne pas pratiquer dans un esprit de performance ou de compétition. Très important, entre autres, de ne pas « vouloir arrêter de penser ». Il faut observer les pensées, non les combattre. Il est normal (spécialement au début) qu'on doive revenir constamment (plusieurs fois par minute) à l'objet de la concentration. Si, après un certain temps d'efforts sincères, vous ne sentez aucun progrès, achetez-vous des livres sur différentes techniques de méditation. Essayez-en d'autres. La technique comme telle n'a pas une grande importance. La meilleure pour vous est toujours celle qui permet de rester le plus facilement dans l'instant présent.

L'idéal est de méditer une heure par jour, préférablement le matin, au lever. Mais il vaut mieux méditer dix minutes que pas du tout. On peut aussi méditer deux ou trois fois par jour pendant des périodes de quinze à vingt minutes, de préférence à jeun. L'important est de ne pas fixer la barre trop haut au début pour ne pas se décourager. Il ne faut rien brusquer; la méditation agit lentement. On ne tire pas sur les fleurs pour les faire pousser plus vite. Avec le temps, méditer deviendra un plaisir et un besoin.

S'il est difficile de vous discipliner pour méditer chaque jour, associez-vous à un groupe qui se réunit au moins une fois par semaine. L'énergie d'un groupe composé de personnes ayant des valeurs et des intérêts semblables pour la méditation peut être un puissant support pour quiconque veut s'engager dans une démarche spirituelle.

Depuis plusieurs années, j'anime un de ces groupes de méditation qui se transforme progressivement en une véritable famille spirituelle. Il est fascinant de constater l'approfondissement de l'expérience et l'ouverture toujours plus grande du cœur que permet un tel environnement.

Méditation dans l'action

Pour certaines personnes, il est pratiquement impossible de rester immobile pendant un certain temps, particulièrement en position assise. Si c'est votre cas, la méditation en mouvement peut être la solution. Le tai chi, pratiqué avec intériorité (c'est-à-dire avec une présence aux sensations corporelles), en est un excellent exemple. En fait, n'importe quelle activité (marcher, se baigner) peut se transformer en un rituel sacré si elle est accomplie avec une intense présence. À vous de choisir !

La cérémonie du thé japonaise représente sans doute le summum du raffinement de cet art de la sacralisation du quotidien. Je me souviens...

Nous sommes une douzaine installés sur une terrasse magnifique au bord d'une rivière large et paresseuse, en Inde, à la fin d'une retraite zazen. La cérémonie est dirigée par un moine bouddhiste, avec une telle intensité que la rivière en ralentit presque son cours. Chaque bol est préparé individuellement pour chacun des « convives » avec des feuilles fraîches de thé vert écrasées avec précision et ferveur, puis arrosées d'un peu d'eau bouillante. La présence extraordinaire qui imprègne chacun de ses gestes projette tout le monde dans une sorte d'enchantement. Une heure s'écoulera avant que le dernier invité ait reçu son « offrande ».

Une heure d'éternité !

Mon esprit devient le frémissement des feuilles sous la brise, le chant tranquille des oiseaux. Quand je reçois le bol des mains de l'assistant qui s'avance vers moi en me fixant droit dans les yeux, j'ai l'impression de participer à un échange divin, un échange de joie, d'amour, de mystère.

Comme pour ajouter une touche supplémentaire de grâce, un flûtiste discret, assis tout près dans l'herbe, jette ici et là quelques notes de musique dans le silence. Une lumière oblique de fin d'après-midi, tendre et sensuelle, baigne toute la scène.

Comme la vie peut être royale jusque dans ses moindres détails quand on s'en donne vraiment la peine !

4

En profondeur

Cette cérémonie du thé que nous venons d'évoquer complétait cinq journées entières de méditation zazen marquées pour moi de plusieurs expériences spirituelles importantes. J'y ai connu, entre autres, mes premières véritables extases : des frissons, très semblables aux frissons de l'orgasme sexuel, qui déferlaient, à répétition, dans tout mon corps.

Pour quiconque veut véritablement plonger au cœur de son expérience, la méditation quotidienne ne suffit pas. Elle doit être complétée périodiquement par une retraite intensive de plusieurs jours. Une telle concentration du mental sur le présent, si elle est vécue avec sincérité, honnêteté, permet un nettoyage en profondeur des tensions conscientes et inconscientes et se transforme souvent en un voyage intérieur d'une richesse extraordinaire qui peut conduire le méditant aux plus hauts sommets comme aux tréfonds de l'enfer. Des bonds importants dans la connaissance de soi, dans la compréhension spirituelle, peuvent en résulter.

Voici, en résumé, le récit d'un autre de ces voyages réalisé il y a plusieurs années :

Je suis à un carrefour dans ma vie spirituelle. Ma façon de méditer ne me satisfait plus vraiment. J'ai souvent l'impression de tourner en rond, de plafonner. La méditation est devenue un calmant, comme une drogue que je prends pour apaiser mes angoisses. Il y a plus que ça dans la vie spirituelle. Beaucoup plus. Je le sens. Je le sais. Mais quoi ?

Je décide d'entreprendre une retraite Vipassana. Une plongée de dix jours dans les profondeurs du corps, dans l'inconscient de l'entité Claude Leclerc.

Les trois premiers jours sont terribles : maux de tête, grippe, fièvre. Comme un cheval qui se cambre, tout mon système résiste à l'exercice. J'ai pourtant médité pendant de longues périodes auparavant... Mais je ne suis pas ici pour me défiler. Je tiens bon. Dès quatre heures le matin, au son du gong, jusqu'à neuf heures le soir, j'y mets toute ma concentration, toute mon énergie. Le regard intérieur scrute chaque sensation grossière ou subtile dans toutes les parties du corps. La conscience s'élève, se purifie. Les paysages intérieurs défilent dans ma tête et me parlent de moi, de mon passé.

Dans la poitrine, une brûlure oubliée depuis l'enfance sans doute prend toute sa place, énorme. Je viens de comprendre ma fragilité aux poumons. Dans mon ventre, c'est le vide, difficulté de sentir quoi que ce soit. J'insiste. Voilà, ça y est. La vie recommence à couler. Dans tout le corps maintenant, je la sens palpiter cette vie. Dans chaque cellule, un petit cœur microscopique qui bat.

Les sensations deviennent plus subtiles. Les formes disparaissent. Je ne suis plus qu'une masse d'énergie qui vibre, qui s'affine de plus en plus. Silence, paix. Extase, joie.

L'équanimité. La méditation Vipassana, telle qu'enseignée par Goenka, met beaucoup l'accent sur l'équanimité. Redécouverte importante ! Comment ai-je pu oublier ? Ne pas s'accrocher au plaisir. Ne pas repousser la douleur. Ne pas réagir à toutes ces sensations qui peuplent ma conscience. Mais oui ! Je suis tombé dans le piège ces dernières années. Je recherche trop cette extase que me procure la méditation ! Le voilà mon plafond, le mur sur lequel je me bute depuis trop longtemps. Je me suis perdu dans cette extase comme on se perd dans l'alcool ou dans la drogue. Tout ça n'est qu'une étape. Il faut continuer d'avancer vers toujours plus de pureté, de détachement.

Au quatrième ou cinquième jour, des transformations notables se produisent dans mon état de conscience. Un autre niveau de réalité se manifeste. Tout devient tellement lumineux, tellement « présent » autour de moi. Les arbres en particulier se révèlent comme des êtres à part entière, avec leur personnalité, leur sensibilité, j'oserais presque dire leur besoin d'amour. À un moment donné, je m'approche d'un jeune bouleau qui m'attire particulièrement. J'appuie mon front contre son écorce et commence à lui parler tendrement comme à un ami intime. Il me comprend à sa manière, je le sais. À sa manière aussi, il se nourrit de cet amour qui déborde de mon cœur et que je répands sur son corps en subtiles caresses.

Puis, l'ego intervient. Une crainte fait irruption dans mon système : est-ce qu'on me voit ? L'équanimité n'est pas au rendez-vous. Je résiste, reste accroché à cette pensée absurde. Juste assez longtemps pour briser le charme...

Je reprends ma promenade. Très vite, la magie revient. Mon corps bouge dans l'air humide de l'automne avec une telle sensualité... Je me sens unifié avec tout ce qui m'entoure. Je ne fais que marcher mais j'ai l'impression de faire l'amour... Équanimité... Régulièrement, ce mot revient dans ma tête. Laisser passer les sensations, si douces, si subtiles soient-elles... Lâcher prise... Ne pas s'attacher... Tout change, seule la conscience reste.

À un moment donné, je vis une expérience bien simple mais qui me fait comprendre jusqu'à quel point la douleur physique dépend du niveau d'identification avec le corps.

Par inadvertance, j'accroche violemment ma cheville sur le coin d'un meuble dans ma chambre. En temps normal, j'aurais poussé un cri et souffert pendant plusieurs minutes en me massant la cheville. Au lieu de cela, je perçois bien une douleur dans ma cheville mais comme si elle ne m'appartenait pas. Non seulement je n'ai aucune réaction de retrait mais la douleur disparaît presque aussi rapidement qu'elle est venue. L'équanimité n'est aucunement affectée. Un nuage est passé, mais le ciel, lui, est toujours resté bleu.

Cet état d'allégresse dure pendant quelques jours. Puis, une nuit, quelque chose d'extraordinaire se produit : un cauchemar ! Je me réveille assis dans mon lit, en proie à une angoisse incontrôlable. Le rêve est relativement simple :

«Je suis assis sur une chaise, une amie brosse mes cheveux. Dans une pièce voisine, deux hommes se disputent violemment. Soudainement, cette dispute devient le centre du rêve et je suis l'un des deux protagonistes. À un moment donné, dans une explosion de colère, je saisis *un tisonnier et fauche, en me retournant violemment, la tête de l'autre homme. Dans la scène suivante, je reviens dans la première pièce, mais c'est moi, cette fois, qui n'a plus de tête. Mais je suis toujours vivant. Le sang coule partout sur moi. Je suis totalement désespéré. Étouffé par l'angoisse, la culpabilité, j'arrive à dire qu'un accident vient de se produire, qu'on devrait appeler la police. La personne à qui je parle n'est plus cette amie qui me brossait les cheveux mais plutôt ma première femme. »*

C'est à ce moment que je me réveille, assis dans mon lit, perdu dans mes pleurs. De toute ma vie, je ne me rappelle pas avoir ressenti un désespoir aussi total, aussi profond. Je tremble de partout. La douleur est presque insupportable. Je ne comprends pas ce qui m'arrive, mais je sais qu'il s'agit de quelque chose de majeur.

Le jour suivant, je me laisse couler le plus profondément possible dans le silence de la méditation avec la ferme intention de comprendre le sens de ce cauchemar. Le regard s'ouvre au maximum...

Après quelques minutes, la révélation se produit. Je « vois » que cet homme que j'ai tué « par accident » était mon père, que cette amie qui me brossait les cheveux représentait la mère aimante « d'avant le drame » et que cette femme qui l'avait remplacée à mon retour dans la première pièce symbolisait la mère froide « d'après le drame ».

Toute ma vie, je n'ai pu me mettre en colère sans m'effondrer en même temps ! À chaque fois, le même désespoir revenait. À chaque fois, l'impression d'avoir été trop loin.

Et cette culpabilité qui me suit comme mon ombre ! Et ce sentiment d'avoir été rejeté par ma mère ! Je viens de tout comprendre.

Le drame est si profond que j'aurai de la difficulté à le raconter à mon amie à la fin de ma retraite et qu'encore une fois je fondrai en larmes en retrouvant ce petit garçon désespéré qui vient de sortir de l'ombre après quarante ans.

J'ai revécu, dans ce cauchemar, l'issue dramatique du conflit oedipien dans lequel je me suis probablement opposé à mon père à l'âge de quatre ou cinq ans : issue symbolique évidemment, mais néanmoins à l'origine d'une bonne partie de l'angoisse qui a saboté mon élan vital par la suite.

Le fait de raviver ce drame maintenant de façon consciente aura un effet libérateur extraordinaire, un effet intégrateur que je ressentirai nettement des années durant.

Tout ça grâce à la méditation. À force de plonger dans le présent, dans l'énergie du corps, à force de scruter chaque sensation, j'ai fini par toucher et déterrer un pan entier de mon inconscient, peut-être le plus important.

Sur le coup, mon corps réagit violemment à ce déluge d'émotions. Je me retrouve encore une fois congestionné, avec un mal de tête énorme. Mais, en même temps, je sens toute cette légèreté, cette lumière... tout cet amour. Sentiment étrange d'exister à plusieurs niveaux simultanément. En surface, l'inconfort, la dépression, la douleur. En profondeur, l'extase, la joie. Être heureux et triste en même temps, quelle richesse !

Les derniers jours de ma retraite sont des plus agréables. Je respire de la lumière du matin au soir. Je bouge avec une aisance extraordinaire. Cet état que je connais maintenant me semble tellement plus réel que ce quotidien auquel je dois retourner bientôt. Je n'ai rien fait ici pendant dix jours. Rien fait d'autre qu'ouvrir les yeux devant le présent qui passe. Et pourtant j'ai vécu une aventure unique.

Une retraite intensive est toujours une aventure unique. Évidemment, les choses ne se passent jamais de la même façon. On peut ne vivre qu'une immense frustration pendant trois, cinq ou dix jours. Ou, au contraire, une profonde extase. Ou n'importe quoi entre les deux. Mais toujours, à cause de la quantité et de l'intensité même de l'énergie qu'on y investit, ces voyages en profondeur marquent une étape importante dans un cheminement et, surtout, donnent une vigueur nouvelle à la pratique quodidienne.

Il faut cependant éviter de tomber dans le piège de considérer ces retraites comme le cœur de la pratique. Ce sont des plongées profondes essentielles pour quiconque veut s'engager sérieusement dans un travail spirituel, qui nous recentrent souvent de façon radicale et nous rappellent nos origines et notre essence. Mais elles se vivent aussi en dehors des responsabilités quotidiennes, de nos relations souvent conflictuelles avec nos conjoints, amis, enfants etc. Et c'est justement là, au cœur de l'incarnation, que doit se faire l'évolution.

La pratique quotidienne et la retraite intensive se complètent magnifiquement. La première prépare le terrain à l'avènement d'ouvertures importantes, d'éveils, qui surviennent plus facilement dans la deuxième. L'évolution dépend de l'interaction entre ces deux outils à la disposition du chercheur. Une pratique quotidienne sans périodes d'approfondissement s'enlise facilement dans la routine. La motivation s'étiole. Le progrès est plus difficile. Par contre, si l'on ne s'investit que périodiquement dans des retraites intensives, la compréhension acquise s'intègre très difficilement dans la vie de tous les jours. Et la vie spirituelle peut vite devenir une sorte de refuge, de fuite de l'incarnation.

5

Le corps, un microcosme

Quelle que soit la technique de méditation que l'on utilise au début, on reviendra toujours au corps. Aller à l'intérieur, c'est aller à l'intérieur du corps. On n'y échappe pas. Notre corps est à la fois tout ce que nous sommes et infiniment plus que ce que nous pouvons imaginer.

On oublie trop souvent que le corps humain est beaucoup plus qu'un lieu de jouissance ou de douleur, beaucoup plus qu'un lieu d'expérience «physique».

Un jour, pendant un cours de massage, un spécialiste en travail «subtil» a fait sur moi une démonstration qui m'a convaincu une fois pour toutes de la réalité essentiellement énergétique du corps. J'avais les yeux fermés ; je ne voyais donc rien des manipulations qu'il faisait au-dessus de mon corps. Tout à coup, j'ai senti un chatouillement irrésistible au creux de mon épaule gauche et j'éclatai d'un rire très pur, un rire d'enfant qui résonna dans toute la salle. Je discernais clairement ses doigts qui s'agitaient à huit ou dix centimètres au-dessus de mon épaule. Ce n'étaient sûrement pas ses doigts physiques puisqu'il n'y avait aucun contact à ce niveau. En fait, ce que je ressentais était très clair : des doigts énergétiques qui chatouillaient un corps énergétique. La perception était si nette, le chatouillement et le rire si réels que je ne pouvais plus douter de la nature essentiellement vibratoire de mon corps. Et spontanément, une réflexion se présenta dans ma conscience : «Mais où se termine-t-il, ce corps ? De toute évidence, il ne se termine pas avec la peau puisque je le sens à huit ou dix centimètres au-dessus de ce niveau. Peut-être est-il infini ? Peut-être que, si ma sensibilité se raffinait infiniment, je pourrais sentir des échos de mon "corps-conscience" jusqu'aux confins de l'univers ? »

Cette expérience me donna envie d'explorer plus à fond les possibilités qu'offre le travail subtil. Je pris donc un rendez-vous privé avec ce même spécialiste.

Pendant une heure donc, sans jamais me toucher physiquement, il exécuta toutes sortes de manipulations à différentes hauteurs au-dessus de mon corps. Pendant toute la session, j'avais les yeux fermés. Je ne détectais aucune sensation précise, comme la première fois, mais plutôt une présence, une conscience qui touchait à ma conscience, qui s'en approchait, s'en éloignait.

Les effets du « traitement » furent spectaculaires. Dès mon lever, je me sentis « possédé » par une sorte de béatitude qui ne me quitta pas une seconde pendant une semaine complète. Ma pensée s'était arrêtée, de sorte que jamais, pendant toute cette semaine, je n'ai eu la moindre préoccupation. J'étais totalement bien, relaxé, en paix avec moi-même. Je marchais, je mangeais, je vaquais à mes occupations, libéré de ce mental névrosé, de cet ego toujours inquiet de ne pas réussir à se maintenir à flots et qui, en temps normal, usurpe toute mon attention.

Une semaine plus tard, le bon vieux « moi » reprit sa place. La radio mentale se remit à jouer ses vieux airs dans ma tête. L'ego reprit son trône et la vie continua comme avant. En parlant avec mon thérapeute, un peu plus tard, je réalisai qu'il avait réussi probablement à projeter ma conscience dans une dimension encore plus subtile de mon corps, au-delà du corps énergétique, dans une zone de conscience pure, dégagée des remous de l'ego.

Notre corps est un microcosme. Apprendre à le connaître, c'est apprendre à vivre.

« Connais-toi toi-même, et tu connaîtras l'univers et les dieux. » Cette maxime, inscrite à l'entrée du temple d'Apollon à Delphes, constitue la base des enseignements de nombreuses organisations spirituelles.

J'ai pu vérifier la profondeur et l'exactitude de ce conseil. Avec les années, en effet, connaissance de soi et recherche spirituelle sont devenues, pour moi, synonymes. Mais avec les années également, connaissance de soi est devenue indissociable de connaissance du corps. Qu'y a-t-il d'autre à connaître, en effet, que ce corps qui est le nôtre, avec son mental, ses émotions, ses sensations. Notre corps, du moins à première vue, est tout ce que nous sommes. Comment peut-on se connaître soi-même sans passer par lui ?

Vingt-sept ans de méditation à contempler le contenu de l'expérience corporelle, et aussi plus de dix-huit années passées, dans mon travail, à explorer, à masser, à ressentir des milliers d'autres corps conscients comme le mien, m'ont amené à certaines conclusions.

Nous sommes multidimensionnels

La plus importante de ces conclusions, c'est que nous existons à plusieurs niveaux *simultanément*. Selon la fréquence vibratoire à laquelle nous ajustons notre attention, nous pouvons nous expérimenter comme une pensée, une émotion ou une sensation « physique » ; nous pouvons aussi nous ressentir comme un corps subtil, « détachable » de « l'enveloppe » matérielle qui vibre à une fréquence plus lente ; nous pouvons nous « connaître » comme une pure énergie, une pure conscience. Plus le taux vibratoire augmente, plus l'expérience devient subtile, pure, essentielle. Jusqu'au moment de l'explosion de toutes les frontières où le corps devient le corps de toute chose, le corps divin, le corps de l'Univers. Et alors s'incarne le précepte : « Connais-toi toi-même, et tu connaîtras l'univers et les dieux. » Plonger dans le corps, ce n'est pas seulement plonger dans des sensations, des émotions, c'est aussi plonger dans l'Infini.

D'une certaine façon, la partie physique du corps n'est que de la conscience qui s'est « refroidie », « alourdie » en prenant une forme. Mais cette forme n'existe qu'en périphérie, qu'en surface. Au centre, la conscience demeure pure, essentielle, sans forme.

Évidemment, en tant que « solide », le corps physique est régi par les lois du monde matériel ; mais il est influencé aussi par les lois des mondes plus subtils avec lesquels il est en continuité. Le fait, par exemple, de ne pas être en harmonie avec les énergies supérieures d'amour et de pureté qui constituent le centre « cosmique » de mon être, ne pourra qu'avoir un impact sur ma partie physique, l'autre pôle de mon énergie.

Il en résulte que, si un certain nombre de maladies peuvent avoir des causes « matérielles », plusieurs sont aussi le résultat direct d'une mauvaise harmonisation avec ces énergies supérieures. La santé passe par l'amour.

Il en résulte aussi que le corps mental et même le corps émotif qui vibrent plus rapidement que le corps physique ont une influence énorme sur ce dernier. À quelques reprises, par exemple, dans le passé, j'ai pris conscience (à mon grand étonnement) que je tombais malade parce que j'avais besoin de le faire et que la décision avait été prise, à mon insu, dans quelque recoin de mon inconscient.

Mais l'expérience la plus décisive qui m'a convaincu une fois pour toutes de l'influence du niveau mental sur le niveau physique est la suivante.

Un jour, après une visite chez un ostéopathe, je me retrouvai avec des spasmes musculaires dans le visage et dans la langue. Situation très douloureuse qui survenait abruptement à plusieurs reprises durant la journée. Chaque fois que les spasmes « frappaient » (ce qui pouvait aussi bien arriver en plein milieu d'un massage), je devais tout arrêter et plonger dans un profond silence intérieur jusqu'à ce que les choses redeviennent normales, quelques dizaines de secondes plus tard. Évidemment, je dormais très peu et ma vie devenait de plus en plus impossible. Après deux jours et demi à me demander si je ne devais pas me résigner à aller faire la file d'attente à l'urgence de l'hôpital, soudainement, j'entendis une voix intérieure, venue du fond de moi-même, qui affirmait avec une grande fermeté et même un soupçon d'impatience :

« C'est assez ! »

Comme si ma conscience profonde avait décidé d'intervenir pour arrêter le processus.

Jamais plus, par la suite, les spasmes ne sont revenus ! Une décision, pour ainsi dire, avait été prise « en haut lieu » et le corps physique n'a eu que le choix de s'y conformer.

Pendant près de vingt ans comme massothérapeute, j'ai eu l'occasion à plusieurs reprises de constater également l'influence du niveau émotif sur le niveau physique.

L'événement le plus frappant, à cet égard, est survenu durant un cours de massage. Un jour, une de nos consœurs allemandes qui recevait un massage profond à la mâchoire poussa un hurlement qui fit trembler tout le monde dans la salle. Elle venait de revivre l'instant, pendant la Deuxième Guerre mondiale, où ses deux parents se faisaient fusiller devant elle alors cachée dans un coin avec son grand-père. Elle avait quatre ou cinq ans. Son grand-père lui avait barré la bouche avec sa main pour l'empêcher de crier et de se faire repérer. Quarante ans plus tard, le cri venait de sortir, enfin, libéré par l'action du massothérapeute.

Les événements de ce genre, quoique la plupart du temps moins spectaculaires, sont courants, spécialement dans les salles de thérapie où l'on pratique le massage profond.

Les corps mental et émotif façonnent à leur guise le corps physique qui devient, avec les années, une sorte de « disque dur », de mémoire « solide » de toutes sortes d'expériences et surtout d'émotions qui n'ont pu être menées « à terme » à cause de la trop grande peur ou souffrance impliquée.

Notre corps est beaucoup plus que ce sac d'os, d'organes et de muscles qui apparaît au premier abord. Il constitue tout ce que nous sommes, de l'émotion la plus inconsciente à la Conscience la plus lumineuse, la plus divine. Explorer le corps, c'est scruter l'inconscient, c'est devenir conscient, c'est pénétrer la Réalité dans toutes ses dimensions.

Car, encore une fois, notre corps est un microcosme. Il contient en lui-même tous les niveaux vibratoires de l'Univers, du plus subtil ou universel au plus grossier ou « physique ». Comme l'Univers, il est infini. Son centre, en fait, n'est rien d'autre que le centre du Cosmos.

Notre niveau de compréhension spirituelle correspond à notre niveau de connaissance de soi, de connaissance du corps, et dépend essentiellement du taux vibratoire auquel s'ajuste notre attention, notre conscience. En bout de ligne, notre corps-ego-personnalité reflète notre degré d'évolution spirituelle. Il en est l'expression, le résultat. Les yeux sont le miroir de l'âme.

Toutes les approches spirituelles qui condamnent le corps, sous quelque forme que ce soit, condamnent en même temps leurs adeptes à vivre une spiritualité handicapée, une spiritualité d'eunuques, coupée de sa force créatrice.

Dans sa réalité la plus profonde, notre corps est à la fois notre âme, notre temple et notre jardin. Il est à la fois notre conscience et notre laboratoire, notre peur et notre amour, notre paix, notre paradis et notre enfer.

6

Sexe et spiritualité

Tenerife, Îles Canaries. Nous sommes quatre dans un endroit véritablement magique : une piscine naturelle taillée dans le rocher au bord de la mer et constamment alimentée en eau fraîche par le flux et le reflux de la vague. Quelqu'un a eu l'excellente idée de river dans le roc, à l'intérieur de la piscine, une échelle métallique qui permet d'en sortir avec élégance. Tout autour, de grandes pierres plates sur lesquelles nous pouvons étendre nos corps nus et boire tout notre saoul de soleil. Là, enveloppés par le roulis des vagues, nous plongeons sans retenue dans un érotisme plus-que-parfait. Gavé de lumière et de sel, je suis assis contre ma bien-aimée, totalement absorbé dans l'instant. Nos mains caressent tendrement le sexe de l'autre. Dans le ciel de ma conscience, aucune pensée. Mes yeux, figés dans le plaisir, observent les jeux sexuels de nos deux amis au sortir de la piscine. Tout près derrière elle dans l'échelle, Roméo tente de rejoindre avec sa bouche la vulve de Juliette en faufilant son nez entre ses fesses.

Le temps s'est arrêté. Le mental aussi. Il n'y a plus qu'une conscience claire et quatre corps habités par une extase. Quatre corps perdus dans l'âme de ces grandes pierres brûlantes accrochées à la mer comme des bateaux immobiles amarrés au fond des choses. Quatre corps pleins, vides, sans tête, balayés en tous sens par une musique maritime sans âge.

Pratiquement toutes les religions du monde, et par conséquent toutes les cultures, condamnent la libre expression de la sexualité. Dans presque toutes les traditions, spiritualité et sexualité sont incompatibles. Quelle tristesse ! Quelle profonde incompréhension de la belle et riche complexité de la nature humaine ! Les besoins sexuels et spirituels sont les deux principaux moteurs de la vie terrestre. Les opposer revient à condamner tout le monde à vivre en enfer. Dans les deux cas, nous avons affaire à des énergies qui dépassent largement l'individu. La sexualité est d'abord et avant tout une fonction de la race et la spiritualité est inscrite dans la nature même de l'Être. Il est futile et très dangereux de demander à un individu, quel qu'il soit, de s'opposer à des forces aussi fondamentales.

Dans le Québec des années 40 et 50, où j'ai grandi, la sexualité était « l'ennemi à abattre ». La moindre pensée sexuelle pouvait nous catapulter en enfer jusqu'à la fin des temps. C'est du moins ce que prétendaient nos curés. En fait, l'enfer, c'étaient eux qui le créaient chaque jour par leur discours apocalyptique dont la morbidité n'avait d'égale que la profondeur de leurs obsessions sexuelles.

Pendant toute mon enfance et mon adolescence, j'ai souffert au-delà de toute expression de mon incapacité à concilier mon énergie sexuelle très puissante avec l'intense spiritualité qui m'habitait. L'enfer, c'était moi !

La plus grande partie de ma vie adulte, par la suite, a été une longue et pénible tentative de me libérer de la culpabilité et de la honte que m'avaient léguées la Sainte Église catholique, la commission scolaire catholique et ma famille catholique. Vers l'âge de 15 ans, j'ai franchi un pas important en faisant basculer dans le néant ce Dieu factice, sadique et vengeur, devenu pour moi tout simplement insupportable. Je me suis déclaré officiellement athée et j'ai célébré l'événement en me masturbant de façon magistrale. J'avais choisi la vie !

Mais la culpabilité, la morbidité, étaient inscrites profondément dans mon inconscient. Je n'allais pas m'en tirer à si bon compte. Ma sexualité était déjà devenue obsessionnelle, compulsive. Il me semblait qu'en multipliant les orgasmes, qu'en défiant ma culpabilité, j'arriverais à m'en libérer. Je ne faisais que m'y enfoncer davantage. Avec les femmes, mon affirmation sexuelle est devenue le symbole même de ma valeur personnelle. Le moindre refus me replongeait dans la dépression la plus profonde.

À certains moments, mon incapacité de me libérer me propulsait dans une furie extrême. Je me souviens d'un après-midi d'automne où je suis parti dans la forêt me masturber férocement avec... Dieu, que je suis allé rechercher pour l'occasion. En invitant le grand juge universel, Dieu lui-même en personne, dans mon lit coupable, je le rendais complice. Une façon symbolique de m'aimer, à ce moment-là, pour ce que j'étais. L'exercice fut salutaire car le vieux bonhomme m'a foutu la paix par la suite.

Mais la libération ne fut que partielle, car cette culpabilité par rapport à la sexualité a été enfoncée dans l'inconscient de l'homme et de la femme pendant des millénaires par toutes les religions du monde, ou presque. Elle a des racines jusqu'au cœur même de nos cellules. Et c'est souvent au moment où l'on se sent le plus libéré qu'on est le plus victime.

Ce n'est qu'avec la méditation qu'un véritable détachement a pu se produire. La vie sexuelle est maintenant bien intégrée à ma vie spirituelle. J'honore mon corps comme mon âme et je suis fier d'être à la fois un mammifère et un dieu. La sexualité n'est plus le centre de ma vie mais plutôt une belle fenêtre fleurie ouverte sur l'existence. Et comme, de toute façon, il n'y a plus rien pour moi qui ne soit pas spirituel, toute opposition est devenue impossible.

Mais je me retrouve aujourd'hui dans un Québec ultramatérialiste où c'est la spiritualité, cette fois, qui est devenue suspecte. On a congédié les curés et leur Dieu psychopathe mais on a conservé l'étroitesse d'esprit des années 40 et 50. La sexualité coule à flots, avec la bière, dans les bars de Montréal, mais les groupes spirituels sont montrés du doigt, ridiculisés. On a remplacé le Dieu vengeur par un autre, aussi névrosé, le Dieu « argent », et le péché consiste maintenant à se poser des questions sur le sens de la vie, à se tourner vers l'intérieur. Dans l'imaginaire populaire, le mysticisme n'est pas très loin de la maladie mentale.

La schizophrénie règne toujours. Le corps s'oppose toujours à l'âme. Dans les années 40-50 on choisissait l'âme contre le corps, aujourd'hui on fait l'inverse. Peut-être serons-nous bientôt prêts pour autre chose. La sexualité et la spiritualité sont les deux principales sources de vie. Une âme éteinte dans un corps allumé ne vaut pas mieux qu'une âme allumée dans un corps éteint. S'obliger à choisir entre les deux mènera toujours à un profond déséquilibre. Il y a toujours eu autant de désarroi dans les communautés religieuses que dans les bordels de toutes les villes du monde. Je sens autant de désespoir chez ce franciscain qui, au collège, m'amenait dans sa chambre pour m'expliquer les choses de la vie à partir d'une photo du magazine *Playboy* qu'il sortait pour moi de sa cachette, que chez ces femmes haïtiennes qui me vendaient leur sexe en espérant conquérir mon cœur.

Heureusement, parfois, la vie est plus forte que la folie humaine. J'ai connu une femme extraordinaire, une prostituée à la retraite, alors maîtresse d'un évêque catholique, qui me disait avoir trouvé quelque chose de divin, de très spirituel, dans la sexualité. Cette femme très simple, peu éduquée, qui n'avait jamais rien lu sur le « tantrisme », avait redécouvert pour elle-même un sens profond, mystique, à l'énergie sexuelle, malgré son passé sexuel « mercantile » et malgré le fait que sa mère aussi était une prostituée.

Le tantrisme est, à ma connaissance, la seule approche spirituelle qui non seulement ne condamne pas la sexualité, mais l'utilise au contraire pour élever la conscience. Évidemment, plusieurs niveaux de compréhension existent de cette branche très particulière de l'hindouisme. Le tantrisme authentique et traditionnel n'a rien à voir avec la vision « olé olé » que la plupart d'entre nous en avons aujourd'hui. Dans le tantrisme original, les partenaires ne consommaient l'acte sexuel qu'après des années de préparation et de pratique du détachement. Un tel niveau d'engagement et de discipline n'existe pratiquement plus aujourd'hui. Mais il demeure possible de s'en inspirer et d'utiliser l'étreinte sexuelle comme lieu de méditation.

Dans cette technique, les deux partenaires s'abandonnent tout simplement au cercle énergétique généré par leurs deux corps en coït. L'exercice requiert une présence totale des deux amants qui demeurent immobiles et ne bougent que sporadiquement, et toujours très lentement, dans le but unique de conserver l'érection et le cercle d'énergie à un certain niveau d'intensité. La recherche de l'orgasme est oubliée complètement.

Une heure par jour, pendant trois semaines consécutives, nous avons médité de cette façon ma partenaire et moi. Les premières tentatives étaient assez laborieuses. Très souvent je m'approchais dangereusement de l'orgasme et vivais beaucoup d'inconfort. Mais, à force de pratique, je réussis à garder ma concentration. Après une semaine, nous étions presque devenus des experts : quelques caresses bien placées, une pénétration toute en douceur, quelques mouvements tendres et puis l'abandon. L'abandon corporel, l'abandon émotif, la vigilance des consciences. Évidemment, comme avec n'importe laquelle technique de méditation, la qualité de la présence était inégale mais par moments j'atteignais des niveaux de charge énergétique et de conscience qui resteront imprimés dans ma mémoire pendant de nombreuses années. Quand j'arrivais vraiment à rester centré, à diriger l'énergie « vers le haut », une sorte de grâce descendait sur moi et je sentais, et cela souvent pendant le reste de la journée, un puissant rayonnement s'échapper de mon aura.

Cette expérience « tantrique » a profondément transformé ma compréhension de la sexualité. Très souvent, depuis ces trois semaines, quand je pénètre ma bien-aimée, c'est comme si je plantais mon pénis directement dans l'ÊTRE, comme si ma conscience se noyait dans l'éternel océan de la CONSCIENCE. Quand l'orgasme jaillit dans un tel abandon, c'est l'univers tout entier, il me semble, qui frissonne.

Le jour où les hommes et les femmes pourront vivre avec la même lucidité, la même innocence, leur vie spirituelle et leur vie sexuelle, la planète Terre aura vraiment atteint une autre orbite du point de vue de la conscience.

7

L'ego : « Je pense donc... suis-je ? »

Tout n'est qu'énergie, vibrations ! Einstein, dans sa célèbre formule E=mc², n'a fait que traduire en termes mathématiques ce que les chercheurs spirituels savent depuis des millénaires. Nos corps physiques réduits à leur plus simple expression ne sont que de l'énergie. Il en est de même de nos émotions, de nos pensées, et même de nos âmes qui vibrent tout simplement à un niveau un peu plus subtil. Nous sommes tous et toutes, d'abord et avant tout, des champs énergétiques en relation les uns avec les autres. Nos relations interpersonnelles, notre évolution spirituelle même, tout n'est qu'un jeu d'énergie.

Chaque fois que nous entrons en relation avec quelqu'un, un échange se produit qui modifie le niveau énergétique de chacune des deux entités. On ressortira de la rencontre plus « chargé », c'est-à-dire avec plus d'énergie, ou « vidé », avec moins d'énergie. Dans le premier cas, les deux intervenants ont un impact positif l'un sur l'autre : on peut considérer la relation comme créatrice. Dans le deuxième cas, l'impact est négatif et on peut voir la relation comme destructrice.

Très souvent, par contre, une des deux parties s'en tire beaucoup mieux que l'autre. La relation est inégale : l'une « suce » littéralement l'énergie de l'autre et en ressort renforcée alors que la « victime » s'affaiblit. Nous connaissons tous des gens qui nous donnent de l'énergie et d'autres qui nous en enlèvent. Nos vies en général sont basées sur une recherche constante et obsessive d'énergie. Poussé par l'instinct de survie, tout corps vivant a une tendance innée à monopoliser pour soi la plus grande quantité possible d'énergie. J'ai vécu en forêt parmi des milliers d'arbres et d'arbustes et tous les jours je pouvais constater le combat paisible mais sans merci que livre chaque bouleau, chaque sapin, chaque brindille, pour obtenir la meilleure place possible au soleil, pour sucer le maximum de nutriments du sol. Certains sont favorisés et deviennent énormes, d'autres étouffent littéralement et vivotent à peine. Il en va de même dans le règne animal où le combat pour la survie constitue l'essence même de la vie. Et c'est la même chose, dans une très large mesure, chez «l'*homo sapiens*».

Les relations humaines se résument souvent à ce type de combat que l'on peut observer chez les végétaux. Ici, c'est l'attention qui semble le carburant le plus recherché. Chaque humain réclame constamment l'attention des autres. C'est de cette façon que les enfants bâtissent leur ego mais aussi que les adultes cherchent (souvent désespérément) à le maintenir. Moins l'entité est évoluée spirituellement, plus elle aura tendance à chercher chez les autres ce carburant nécessaire à sa survie. Qu'on soit bourreau ou bien victime, qu'on attire l'attention par des cris ou par des pleurs, en parlant de façon compulsive ou en se taisant, qu'on joue les dépendants ou les indépendants, l'important c'est qu'on nous remarque, qu'on nous donne de l'énergie.

Cette tendance que nous avons tous à nous approprier le plus d'énergie possible, sous forme d'attention ou autrement, a donc quelque chose de très naturel. Elle ne fait que révéler nos origines animales et même végétales. Quelque chose de très naturel, mais aussi de très primitif.

Cette tendance, combinée au pouvoir de la pensée, de l'imagination, contribue à la création (à l'invention) de l'ego. Au fil des années, et particulièrement pendant la petite enfance, chacun accumule dans sa mémoire les réactions provoquées par son comportement dans l'environnement et développe lentement pour soi-même un portrait corporel, émotif, mental, de ce qu'il est. L'identité personnelle est un ramassis de sensations, d'émotions et de pensées conditionnées, au milieu desquelles on a imaginé un « siège social » : le « je ».

Mais en réalité, c'est ce que nous apprennent tous les enseignements spirituels traditionnels, il n'y a pas de centre véritable à cet ensemble de données. Je dis « je » parce que l'on m'a dit « tu »; et ceux qui me disent « tu » disent aussi « je » parce qu'on leur a dit « tu ». L'ego est essentiellement une entité sociale sans existence propre. Dans une situation d'isolement, il disparaîtra progressivement, d'autant plus vite que ses assises sont fragiles, d'autant plus vite que le « tu » a été faible, peu convaincant. Douleurs profondes, angoisses, d'une solitude prolongée.

Le « je », centre « inventé » d'un amalgame de perceptions, d'attitudes et de comportements, ne peut exister sans support extérieur, sans l'attention qui vient de l'environnement. Car ce « tu », source du « je », c'est l'attention des autres. Comme un parasite, parfois comme un vampire, l'ego se nourrit constamment de l'énergie des autres egos. De beaucoup d'attention résulte un gros ego. De peu d'attention, un ego faible. C'est essentiellement l'attention qu'il réussit à s'attirer qui donne à l'ego l'illusion qu'il existe bel et bien. « Je pense, donc je suis », affirmait Descartes. Mais nous concluons tous : « Donc je suis "quelqu'un". » Et, de notre tendre enfance jusqu'à notre mort, nous faisons des pieds et des mains pour qu'on le regarde, ce « quelqu'un », qu'on s'occupe de lui. Tout pour recevoir la goutte d'énergie qui fera la différence entre la vie et la mort. Au prix même parfois d'automutilations et de souffrances énormes. Une majorité d'athlètes américains, par exemple, ont répondu « oui » à la question : « Si une drogue vous permettait de remporter la médaille d'or aux Olympiques, mais qu'en revanche elle écourtait votre vie de moitié, est-ce que vous la prendriez ? »

Mais rien n'est jamais acquis avec l'ego; il faut le reconstruire sans cesse. L'illusion peut s'effacer à tout moment. C'est pourquoi il vit constamment dans la peur, la peur de disparaître. D'une certaine façon, l'ego *est* la peur, la contraction de la peur. Je connais des artistes adulés par le public pendant des années qui paniquent à la moindre baisse de popularité. L'ego est comme la chaleur d'une maison qui se disperse très vite dès que le chauffage cesse de fonctionner, dès que l'attention cesse de le nourrir.

Faites l'expérience! Entrez à l'intérieur de vous-même et cherchez ce «je» auquel vous référez des centaines de fois chaque jour comme si vous parliez de quelque chose de réel! Où est-il ce «je»? Vous ne le trouverez pas. Il n'est nulle part. En fait, il n'est même pas le fruit de l'imagination puisque très rarement nous l'imaginons. Un jour on nous a dit «tu» et nous avons cru être quelqu'un. Quand je dis «je» et que j'y crois, je suis une croyance. Cette croyance devient la base de ma vie et me donne l'impression que j'ai une existence séparée des autres, du grand Tout.

Oui, pendant un certain temps, cette croyance peut revêtir les habits d'un beau rêve. Si nous sommes talentueux, nous pourrons convaincre les autres de nous donner l'attention, l'affection, l'argent, le prestige, nécessaires pour nous satisfaire de notre sort, nécessaires pour entretenir l'illusion, pour oublier la peur, le temps d'un fantasme. Mais notre sort ne peut que changer; tout change tout le temps. La maladie, la mort, la perte d'un être cher, n'épargnent personne. L'atterrissage sera d'autant plus douloureux que nous aurons volé haut.

Plus l'ego a reçu d'énergie, plus il est «gonflé», plus il en a besoin. Car l'attention est une drogue, la plus puissante de toutes. «Le besoin croît avec l'usage.» Chez les gens les plus choyés à cet égard (les stars par exemple), on retrouve souvent l'angoisse la plus aiguë. Le besoin devient vite infini et la moindre indifférence (ou baisse de popularité) plonge l'ego boursouflé dans le désespoir.

La sortie est par en dedans

L'identification à l'ego est la source de toutes les souffrances. Vouloir être quelqu'un, c'est bâtir un château de sable.

Plus j'essaie d'exister par moi-même, plus je souffre, car l'entreprise est impossible. Le «je» n'est qu'un mirage sur la mer ou au milieu du désert. Mon être véritable, c'est la mer. Et je n'aurai de repos que le jour où je verrai mon cœur dans le cœur du désert, dans le cœur de la mer.

Le besoin d'énergie n'est pas différent du besoin d'amour ou du besoin d'exister. Entrer dans la matière, c'est se couper (dans sa conscience) de l'Être et commencer à chercher l'existence dans un moi qu'on invente. Si l'énergie des autres ne suffit pas pour soutenir ma croyance, je chercherai dans les sensations fortes un espoir d'être. Je conduirai dangereusement, je consommerai des drogues, je me donnerai des émotions puissantes pour sentir, ne serait-ce que quelques secondes, que j'existe enfin, que je suis bien là, que je ne suis pas qu'un mauvais rêve. La recherche de l'émotion, qu'elle soit joyeuse, exaltante, ou triste, est une recherche de sens, d'existence. Une tentative, souvent désespérée, pour fuir l'angoisse «existentielle» qui n'est rien d'autre que la peur de disparaître.

Mais l'entreprise sera toujours vouée à l'échec. L'avoir n'est pas l'Être et ne le sera jamais. L'ego sera toujours un rêve et, plus souvent qu'autrement, un mauvais rêve.

L'éveil spirituel consiste essentiellement à réaliser l'imposture de l'ego. Plus le niveau de conscience augmente, plus nous réalisons qu'il est futile et très douloureux de chercher à l'extérieur de soi un sentiment d'apaisement; plus nous réalisons qu'il y a une source d'énergie infinie à l'intérieur de soi et que pour y puiser, il suffit de s'y abandonner.

En fait, il y a tellement d'énergie à l'intérieur que nous sommes incapables de la contenir. Nous avons tendance, dès que le niveau monte quelque peu, à disperser le «trop-plein» d'une façon ou d'une autre. On fume, on boit, on crie, on baise, on pleure, on parle pour ne rien dire, tout pour revenir à un niveau plus confortable, auquel nous sommes habitués.

La capacité de «contenir» l'énergie est intimement liée à l'évolution spirituelle. L'accès à des niveaux supérieurs de conscience, d'amour, implique l'accès à des niveaux «d'énergie» supérieurs, en qualité bien sûr, mais aussi en quantité. Car il existe des niveaux critiques d'énergie propices à des transformations subtiles. La qualité vient souvent avec la quantité.

L'expansion de la conscience est donc liée à la libération de l'énergie encapsulée dans la rigidité de nos pensées, dans la solidité de cette idée du « je ». Le besoin de contrôle (motivé par la peur) qui s'exprime sous forme de résistances ou d'attachements, doit faire place à la spontanéité. Chez l'être spontané, les sensations, les émotions, les pensées, changent de forme continuellement, comme dans un kaléidoscope.

Dès qu'une résistance survient (ou un attachement), l'expansion de l'énergie est stoppée et nous nous emprisonnons nous-mêmes dans une petite boîte à laquelle nous réduisons notre vie pendant tout le temps que dure la cristallisation. La liberté intérieure résulte de la libre circulation de l'énergie. Moins on s'identifie aux formes, plus la quantité d'énergie s'accroît, plus l'alchimie spirituelle devient opérationnelle.

Évidemment, c'est de méditation dont nous parlons ici. Laisser couler l'énergie, ne pas s'identifier, c'est l'essence même de la méditation. Nos pensées, nos émotions, ne sont pas Nos pensées et Nos émotions ; elles ne sont que des formes d'énergie qui surgissent dans un espace impersonnel.

Il faut donc conscientiser cette tendance de l'ego à rechercher sa « pitance » dans l'attention des autres, dans les sensations fortes ou dans toutes sortes de raisonnements ou d'imageries. Il faut démasquer son « petit jeu », son hyperactivité constante et obsessionnelle qui n'a d'autre but que de le prémunir contre l'angoisse, contre la peur de perdre ses assises imaginaires. Il faut arrêter de fuir l'angoisse et plonger, à l'aide de la méditation, au cœur même de la peur pour exposer le mirage.

Se détacher progressivement de l'illusion du « je » équivaut à réaliser l'identité véritable du Soi qui n'est autre que l'Existence elle-même. Quand la Conscience Impersonnelle remplace l'ego, la Joie remplace la souffrance, l'Amour remplace la peur, le Silence remplace le mirage.

Je ne suis qu'un lac
dessiné sur tapis d'océan.
J'y invente des plages chaudes,
le temps d'un sourire
et de quelques pleurs ;
je suis le cri du goéland,
improvisé
dans mon cœur solitaire ;
je suis la brise du large
qui vient jouer dans mes cheveux,
le temps d'un oubli,
le temps d'un rêve,
jusqu'au moment du crépuscule
où l'horizon viendra si près de moi
que je pourrai lui boire dans la main.

J'attends que la nuit coule mon image
jusqu'au fond de la mer,
quand le goéland prendra le large
pour s'enfuir avec lui.
J'attends que le soleil
vienne réveiller mon âme
et que ce lac dessiné ce matin
sur tapis d'océan
n'existe plus
que dans les coffres du silence.

EXERCICE SUR LA NATURE DE L'EGO

Un des exercices les plus révélateurs sur la nature de l'ego a été imaginé par Adi Da et consiste à peu près en ceci :

Fermez vos yeux et tenez votre main ouverte et relaxée devant vous.
Sentez l'énergie qui y circule. Continuez pendant quelques minutes.
Pouvez-vous dire exactement où votre main se termine et où l'espace

environnant commence? Non, probablement. Si votre main est bien relaxée, il est impossible de sentir où elle se termine parce que son énergie se fond à l'énergie de l'espace ambiant.

Maintenant, fermez votre main et serrez le poing le plus fort que vous pouvez. Continuez pendant au moins trente secondes. Essayez encore une fois de sentir où se termine votre poing et où commence l'espace autour. La chose est beaucoup plus facile, n'est-ce pas ? Le poing semble avoir une frontière délimitée. Il semble même qu'il y ait un centre à ce poing, quelque chose qui puisse dire « je », accompagné d'un sentiment d'affirmation. Remarquez aussi la douleur qui s'accumule à mesure que vous gardez la contraction.

Relâchez maintenant la tension et ouvrez votre main lentement. Et réalisez qu'à mesure que celle-ci relaxe, la douleur disparaît et, avec elle, le sentiment d'identité, de définition. Bientôt, vous ne sentez plus à nouveau les contours de votre main qui se fond, encore une fois, à l'énergie environnante.

Vous venez, de façon symbolique, d'expérimenter ce qu'est l'ego : une définition, un centre qui n'existe que lorsque nous contractons notre énergie. C'est une contraction qui donne le sentiment d'exister comme entité séparée du reste de l'univers. Si la contraction se relâche, l'ego disparaît ; et avec lui, la douleur. « Je pense, donc je me contracte, donc je suis ; j'arrête de penser, je relaxe... je relaxe... et je ne suis plus ! »

8

Se reposer dans la souffrance

L'ego et la souffrance sont très intimement liés. C'est l'ego qui souffre. Et paradoxalement, c'est aussi lui qui est à l'origine de la souffrance. L'ego est essentiellement une contraction, une prétention à sa propre existence comme quelque chose de séparé du reste du monde. La souffrance est également une contraction, un « non » à ce qui est en train de se produire. Elle est la différence entre la douleur et ce qu'on voudrait qu'il se passe à sa place. En fait, l'ego EST la souffrance.

D'une certaine façon, souffrir c'est se prendre pour le centre du monde ! Et plus le narcissisme est grand, plus la souffrance est intense, plus nous avons l'impression d'être les seuls à souffrir ou, en tous cas, à souffrir autant. Si nous prenons conscience de ne pas être les seuls à souffrir, ou mieux, si nous réalisons que plusieurs souffrent encore beaucoup plus que nous, alors la souffrance prend un autre sens, elle devient plus relative et peut même se transformer en compassion.

Je remarque souvent dans mon travail comment la souffrance doit pratiquement avoir une valeur absolue pour continuer à se perpétuer. La personne qui souffre doit être seule avec elle-même dans son malheur et résiste farouchement à ce qu'on situe sa souffrance par rapport à d'autres. Elle proteste, se prétend incomprise. Pendant un certain temps, l'idée que quelqu'un d'autre puisse souffrir plus qu'elle-même est inacceptable, ou, au mieux, très peu bienvenue. La « libération » se produit toujours parallèlement à un élargissement du contexte et même, en bout de ligne, à la capacité de percevoir la souffrance comme un phénomène parmi d'autres, un phénomène riche de signification.

Souffrance et vie spirituelle

Le chercheur spirituel authentique réalise très vite combien la souffrance est indissociable de la vie. Combien elle va de pair, en fait, avec le plaisir. Comme le dit Pema Chödrön dans son livre magnifique *Quand tout s'effondre*: « L'inspiration et l'affliction se complètent. Lorsque nous ne sommes en contact qu'avec l'inspiration, nous devenons arrogants. Lorsque nous ne voyons que l'affliction, nous perdons notre vue d'ensemble[*]. » Le plaisir, nous dit-elle, nous fait vivre le côté merveilleux, sacré de la vie. La souffrance nous rend humble et ouvre notre cœur à la compassion.

C'est sans doute ce que mon guide intérieur avait en tête ce jour où il me fit signe qu'il était temps pour moi d'explorer le côté plus douloureux de mon expérience humaine.

C'était à l'époque lumineuse de la vie communautaire, au milieu des années 70. Je venais de vivre une année véritablement euphorique pendant laquelle je m'étais littéralement éclaté dans le rire, la sexualité, la joie de vivre. Le matin, je dévalais les escaliers en riant. Je mangeais en riant. Souvent même la nuit, mon rire me réveillait. D'un peu partout, des dizaines d'apôtres du *peace and love* venaient bouffer avec nous les petits fruits des champs et de la liberté. Une légèreté extraordinaire m'habitait et semblait mettre de la magie dans tout ce que je regardais. Et puis un jour, la pensée la plus étonnante traversa mon esprit. Une courte phrase qui résonna avec force dans ma tête : « Pour continuer d'avancer, tu as maintenant besoin de souffrir. » Une sorte de révélation comme venue

---

[*] Paris, La Table Ronde, 1999, page 92.

d'ailleurs, « d'en haut ». Sur le coup, je n'ai pas saisi. J'ai eu peur. Étais-je en train de devenir masochiste ? Pendant quelques jours, je suis resté inquiet, impressionné. Mais, intuitivement, je sentais bien qu'il y avait là une vérité incontournable.

Les événements n'ont pas tardé à confirmer cette intuition (prémonition ?). Dans l'année qui suivit, je me retrouvai face à deux séparations amoureuses consécutives et très déchirantes. Alors commença une longue période de solitude et de dépression durant laquelle je m'identifiai complètement à cet enfant abandonné qui gît depuis toujours au fond de mon inconscient. J'errais entre le Québec, les îles du Sud et l'Inde, la tête noire et le cœur brûlé, ne sachant quelle direction prendre, comme un zombi qu'on aurait oublié de programmer.

Comme un verre de vin rouge
renversé
sur un beau tapis blanc...

Comment sortir du cercle infernal, quand tout bascule et qu'on ne voit plus que sa propre douleur ? Réponse : en s'abandonnant.

Je me souviendrai toujours de cet épisode vécu dans ma minuscule chambre du Mobo's Hôtel à Poona (Inde). La souffrance semblait trop grande pour mon cœur déjà très affaibli. Une douleur aiguë dans ma poitrine monopolisait toute mon attention. Je sentais tout mon corps tordu, noué. J'avais peur de mourir, de disparaître dans la douleur. À un certain point, n'en pouvant plus de résister, j'ai lâché prise, je me suis abandonné à ce que je croyais être une mort certaine.

À ma grande surprise, non seulement je ne suis pas mort mais une sorte de renaissance s'est produite. Au lieu de sombrer dans la folie ou dans l'annihilation, c'est dans l'extase que je me suis retrouvé. La peur, l'angoisse, n'étaient plus que de vagues sentiments à la surface de mon être. Une paix profonde occupait le centre de mon expérience. J'avais craint de tomber au fond de l'enfer et c'est au ciel que j'aboutissais.

Quelle leçon extraordinaire ! Cette expérience est toujours restée pour moi un point de référence important. Depuis ce jour, je comprends que l'enfer, l'angoisse, ne sont en fait que des résistances, des contractions de l'ego qui refuse de s'abandonner à ce qui se passe. Dès qu'un véritable lâcher-prise se produit, le mental relaxe dans l'Être qui n'est, et ne sera toujours, que silence, paix et béatitude.

> *Quand je me repose dans ma souffrance,*
> *elle se repose elle aussi.*
> *Elle se dépose, elle se calme.*
> *Et quand elle se calme,*
> *je me calme moi aussi*
> *et je deviens paix.*

Plus tard, l'ego, avec son cortège de préoccupations absurdes, reprit une place prépondérante. Son «temps» n'était pas encore venu. Et pour ma souffrance, ce ne fut effectivement qu'un «repos» temporaire. Mais il peut arriver que la paix devienne permanente. Eckhart Tolle, dans *Le pouvoir du moment présent*[*], raconte comment, à l'âge de 29 ans, au bord du suicide, il s'abandonna ainsi à une souffrance sans nom pour en ressortir totalement nouveau, dans un état de «grande béatitude et de paix profonde» qui devint, pour ainsi dire, son «état naturel» par la suite.

Je rencontre chez certaines personnes une révolte déchirante devant la souffrance. Évidemment, plus la révolte est grande, plus la souffrance est intense ! Quand je dis à un client qui souffre : «Arrête de résister, abandonne-toi, entre dans la douleur, fais corps avec elle », on proteste habituellement en disant : «Mais je vais souffrir deux fois plus ! Ça n'a pas de bon

---

[*] Outremont, Ariane, 2000.

sens ! Je vais devenir fou ! » Si seulement on pouvait réaliser que c'est la résistance à la douleur qui crée la folie et non l'abandon.

La souffrance n'est rien d'autre qu'un peu de douleur mêlée à beaucoup de résistance. En fait, dans la majorité des cas, la résistance à ce qui se passe est responsable en totalité de la souffrance. Quelqu'un passe devant nous dans une file d'attente, nous souffrons : 100 % résistance. On nous dit que le rapport que nous venons de produire n'est pas très bon, nous souffrons : 100 % résistance. Il pleut dehors, nous devons changer nos plans pour la journée, nous souffrons : 100 % résistance. Et cetera, etc. Tout change continuellement. La vie n'est qu'une rivière de changements. Chez presque tout le monde, le changement provoque de la résistance et par conséquent de la souffrance.

« Pourquoi moi ? », entendons-nous souvent.

Pourquoi pas ?

Ce « pourquoi » n'est rien d'autre que de la résistance. L'ego, quand il souffre, se sent soit persécuté, soit coupable. Qu'est-ce que j'ai fait au ciel ? Personne ne fait jamais rien au ciel. Tout simplement, il y a deux attitudes possibles devant la vie, devant le changement : l'abandon ou la résistance. Apprendre à vivre, c'est apprendre à s'abandonner à chaque instant qui passe.

Bouddha enseignait que le désir est à la source de toute souffrance. Une autre façon de dire la même chose. Désirer quoi que ce soit, c'est essentiellement résister à ce qui se passe dans le moment présent ; c'est vouloir qu'il se passe « autre chose ».

La souffrance correspond à un niveau de conscience, de compréhension. Je me rappelle souvent l'histoire de cet homme qui tremble de peur devant un bout de corde qu'il croit être un serpent venimeux. Nous sommes la plupart du temps pareils à cet homme que la peur aveugle au point de l'empêcher de voir la réalité. Nous nous inventons littéralement chaque jour des histoires à faire peur. Nous y croyons, nous y résistons et nous souffrons.

La plus grande, la plus puissante, la plus fascinante de toutes nos « histoires à faire peur », c'est encore l'ego. L'histoire va comme ceci : « J'ai une existence propre, séparée des autres. Je dois être fort, défendre mon territoire, m'affirmer envers et contre tous ; je dois attirer l'attention, me faire aimer, au risque de périr dans l'oubli et l'indifférence. » Alors, toute sa vie, on court, on fuit par en avant, quand ce n'est pas dans toutes les directions en même temps. On fuit cette peur de disparaître. On s'active à 100 à l'heure pour prouver qu'on est quelqu'un, pour « réussir sa vie ». Et à chaque détour, à chaque tournant, à chaque obstacle, on rencontre la souffrance. Jusqu'au jour où, épuisé, on s'arrête pour se demander ce qui se passe, « Pourquoi toute cette souffrance ? ».

Tôt ou tard, la douleur arrêtera notre course. Tôt ou tard, la souffrance nous réveillera, nous sortira de notre film d'horreur et provoquera une recherche intérieure qui modifiera notre niveau de compréhension. Un jour, ce qui, hier, nous plongeait dans la douleur la plus intolérable, déclenchera un immense éclat de rire. Ce jour sera celui où l'on réalisera que le serpent dangereux n'était, en fin de compte, qu'un bout de corde inoffensif.

Nous ne sommes nés ni pour souffrir, ni pour être heureux. Nous naissons et renaissons sans cesse pour explorer la matière, pour rendre conscient ce qui est inconscient. L'univers entier n'est que le long voyage de la Conscience, du fond des ténèbres jusqu'au cœur de la lumière. Nous sommes aux avant-postes de la Conscience dans la matière. Nous sommes des dieux dans des corps de mammifères. Mais des dieux endormis, inconfortables dans des habits trop petits. Tôt ou tard, l'inconfort nous réveillera, nous forcera vers la Conscience. Vivre inconsciemment ne fonctionne tout simplement pas. Tout processus vivant est une démarche évolutive de « conscientisation ».

Le bien n'y vient jamais sans le mal, le plaisir sans la tristesse. Il n'y a pas de situation de vie parfaite. Pas de situation familiale idéale. L'aîné se sentira toujours un « roi déchu », à l'arrivée du deuxième enfant. La situation d'enfant unique n'est pas plus enviable. Le roi garde peut-être son royaume mais il s'ennuie à mourir. Si c'était à refaire, 95 % des enfants uniques souhaiteraient avoir un frère ou une sœur. De son côté, le deuxième enfant de la famille souffrira toujours d'être deuxième, etc.

Entrer dans la matière, c'est entrer momentanément dans la souffrance, le temps d'un voyage initiatique. Si le pèlerin de la conscience a suffisamment de sagesse, il entrera dans la souffrance comme on entre dans un temple et en ressortira purifié, allégé, et trouvera la Joie. C'est la base même de tout le processus de transformation spirituelle. « Il n'y a aucune possibilité de maturité sans la souffrance », nous dit Shree Rajneesh, qui compare cette dernière au feu utilisé pour purifier l'or. « C'est ça, la libération », dit-il, « une maturité tellement grande que seulement la pureté, seulement l'innocence demeure. Tout ce qui était inutile a été brûlé[*]. »

Méditation sur la souffrance

Comment *concrètement* aborder la souffrance quand elle se présente ? Voici un exemple personnel qui pourra, je l'espère, servir de cadre de référence ou, tout au moins, inspirer une ligne de conduite :

Il est trois heures du matin. Je descends mettre une bûche dans le foyer. Avant de remonter, je regarde dehors : mon entrée n'a pas encore été déneigée. J'ai pourtant payé le gros prix pour qu'on déneige l'entrée de la maison. Je sens la colère monter en moi, mêlée d'anxiété.

En fait, je savais que le déneigement n'était pas fait. Je savais que, si je regardais dehors, je souffrirais davantage de cette frustration qui m'habite depuis quelques jours.

---

[*] Œuvre déjà citée.

J'ai quand même senti le besoin de vérifier. Suis-je masochiste ? Tout se passe comme si j'avais « besoin d'éprouver cette colère pour me sentir (exister ?) davantage ». Je ressens l'émotion comme une drogue. Mais aussi comme un poison. Je souffre.

Je vois ma résistance dans toute son ampleur. Elle se manifeste par une contraction, accompagnée d'une brulûre, au niveau du plexus solaire. Je décide de m'abandonner consciemment à ce qui se passe, d'accepter pleinement la résistance. En un mot, je décide de méditer sur le « phénomène » de ma souffrance.

Pendant quelques minutes, je contemple tout simplement la contraction, la colère. Plus je la regarde, plus elle diminue. Mais rapidement, d'autres pensées envahissent ma conscience concernant d'autres situations génératrices de colère. L'ego a plus d'un tour dans son sac : une pensée colérique est démasquée, vite trois autres viennent à son secours. La contraction se refait. La contemplation continue. La respiration maintenant en est l'objet. L'absence de respiration, je devrais dire, responsable de l'anxiété.

Quelques minutes plus tard, je réalise qu'une certaine paix, une certaine extase s'installe en arrière-plan. Le témoin-conscience perçoit deux niveaux d'énergie : les pensées négatives et la contraction (résistance) à la surface, et la paix, l'extase, en profondeur.

Sous l'effet de la contemplation, les pensées-jugements qui génèrent la colère et l'anxiété s'amenuisent, disparaissent puis reviennent pour disparaître à nouveau. Contemplation simultanée de l'extase et des contractions périodiques qui se font et se défont. La paix, la béatitude, sont maintenant au premier plan, l'anxiété en arrière.

Les pensées continuent de revenir sporadiquement mais perdent leur emprise sur les émotions : la contraction (serrement au plexus, respiration bloquée) devient très faible, presque imperceptible. L'extase, la paix, prennent presque toute la place. Contemplation de l'extase.

Un silence profond s'installe. La souffrance (contraction) n'est plus qu'un souvenir qui revient à l'occasion. Le contenu de l'extase oscille entre une sensation de joie profonde et une sensation d'intense présence.

De plus en plus, le Silence, la Présence mystérieuse, l'Amour avec sa lumière, la plénitude. Toute souffrance a complètement disparu.

L'Être se baigne en lui-même, dans sa propre paix. Les pensées ne sont plus que de rares goélands, un peu perdus, dans l'immensité de la Joie et du Silence.

Je suis au fond de la mer. Quand je remonterai à la surface, quelques vagues de colère viendront peut-être encore taquiner mon cœur. Mais je rapporterai avec moi le mystérieux sourire de l'Être et le cinéma de ma souffrance n'aura d'emprise sur moi que dans la mesure où j'oublierai mon voyage en profondeur.

Souffrance et compassion

Les choses ne se passent pas évidemment toujours aussi simplement. L'abandon, la perte d'un être cher, prennent beaucoup plus de temps pour se vivre, se ressentir, se digérer. Ce temps pendant lequel la souffrance doit se vivre est aussi le temps nécessaire à l'être humain pour mûrir, s'approfondir, s'adoucir, s'éveiller, grandir. Le temps nécessaire pour ouvrir son cœur à la compassion. Aucune compassion n'est possible sans la souffrance. Comment en effet comprendre ou être sensible à la douleur d'autrui quand nous-même n'avons pas souffert?

L'aventure et la peur

Une vie réussie ne peut être qu'une aventure, qu'un plongeon sans cesse répété dans l'inconnu, dans la « fraîcheur » de l'instant. Il faut s'immerger(consciemment) dans la douleur, la jouissance, la colère, la tristesse. Surtout: ne pas avoir peur de souffrir. La peur de souffrir est synonyme de « peur de vivre ».

La plus grande ennemie de la vie, de l'aventure de la conscience, est et sera toujours la peur. Apprendre à vivre signifie d'abord et avant tout apprendre à gérer l'insécurité.

Je connais très bien la peur. Je suis né au pays de la peur. J'ai grandi les deux pieds et le cœur dans la peur. Déjà, en 1945, la planète entière mijotait dans la peur, pour ne pas dire la terreur, depuis près de six ans. Et, même si ma naissance a coïncidé à peu près avec le moment de la libération, la terreur pour moi ne faisait que commencer. En guise de bienvenue dans le monde, on a écrasé ma tête avec d'énormes pinces pour me tirer de force hors de l'utérus alors que je suffoquais déjà, ayant le cordon ombilical doublement enroulé autour du cou.

Mais, quelque chose de bien pire encore m'attendait, qui allait bloquer la plus grande partie de mon élan vital. Pendant toute mon enfance et mon adolescence, la peur était le principal mode de vie des Québécois. L'Église catholique terrorisait littéralement les enfants et les parents avec la peur de l'enfer. Le gouvernement régnait également par la peur sur le Québec et une majorité de parents utilisaient la peur comme principale méthode d'éducation. « Un enfant apeuré se tient tranquille et ne cause pas de problèmes. » Cette philosophie était également très à la mode dans les écoles où les « bonnes sœurs » n'hésitaient pas à utiliser les châtiments physiques pour faire régner l'ordre et la discipline.

J'ai passé toute ma vie, ou presque, assis sur une caisse de dynamite. Un jour, j'en ai eu assez d'avoir peur. Comme ça, une réaction toute instinctive. J'ai décidé de faire face. Dans un véritable mouvement de révolte intérieure, je me suis déclaré à moi-même avec beaucoup de fermeté :

« Je veux voir ma peur ! »

Comme si je défiais l'ennemi de montrer son vrai visage. Presque instantanément, une image puissante apparut sur l'écran de ma conscience, qui déclencha un immense frisson dans tout mon système. Je vis un homme ouvrir la portière arrière d'une automobile noire des années quarante et qui en sortit très rapidement. Cet homme était lui aussi tout habillé de noir, avec un chapeau noir et une cape noire qui l'enveloppait presque entièrement. Et à la place de ses yeux, il y avait des braises. Dans un mouvement vif, ces « braises » se sont fixées sur moi. Puis, l'image disparut. Curieusement, le frisson qui traversa alors tout mon corps n'était pas accompagné d'angoisse. Bien sûr, c'était un frisson de peur. Mais il ressemblait plus en fait au frémissement de l'orgasme. Une énergie pure et simple qui se libérait sans aucune résistance du mental, qui ne faisait que constater ce qui se passait.

Je réalisai alors que l'angoisse n'était qu'une résistance à la peur qui, comme toute émotion, n'était au fond qu'une énergie qui ne demandait qu'à circuler. Sans résistance, l'émotion était vécue comme telle, sans plus, sous forme de frisson, et l'angoisse ne faisait plus partie de l'expérience.

Avec les années, à force de la fréquenter, de la regarder, j'ai appris que la peur ne touche qu'un niveau seulement de ma réalité, que j'existe aussi ailleurs, dans la lumière, dans la paix. J'ai compris que je n'ai pas à m'identifier à cette angoisse de la peur qui résulte de mon inconscience bien humaine. Je sais maintenant qu'elle n'est que le sous-produit d'une mauvaise compréhension de ce que je suis. Et je m'en suis fait une amie. Bien sûr, la diablesse m'attrape encore au tournant mais je connais son odeur, et quand je sens son souffle dans mon cou, je peux, de plus en plus, me permettre de sourire, car je sais aussi que plus j'apprivoise l'Amour, plus le monstre perd de son pouvoir. Autrement dit, plus j'accepte d'avoir peur plus celle-ci devient belle.

Quelques années avant sa mort, Jacques Brel, en réponse à un journaliste qui le questionnait sur ses projets, déclarait : «Oh, j'aimerais bien avoir peur encore un peu avant de disparaître.» Celui qui «aime» avoir peur a transcendé la peur. Il l'utilise comme un véhicule pour aller toujours plus loin.

De la même façon que la noirceur n'est qu'une absence de lumière, la peur n'est qu'une absence d'Amour. Rien ne sert de se battre contre les ténèbres ou contre l'angoisse, il suffit d'y injecter de la lumière, de la conscience, de l'Amour.

9

L'amour?

*Le centre de l'univers
est un cœur d'amour vibrant.
Le cœur de l'univers
est un cœur de lumière.
Entrer dans ce cœur,
c'est disparaître dans la joie.*

Le périple spirituel n'est peut-être au fond que ce voyage de la peur vers l'Amour. L'Amour... L'éternel mystère dont on ne peut, semble-t-il trop souvent, que s'approcher sans jamais pouvoir s'en emparer. L'amour dont tant de gens se réclament, mais que si peu vivent. Personne ne doute de son existence, mais qui peut nous montrer où il est? Est-il même vraiment possible d'en parler?

Pourtant, il est là, tout près! On peut presque le toucher! Mais quand notre main se referme, il a déjà disparu pour renaître ailleurs dans notre imaginaire, un peu plus loin, toujours un peu plus loin! Peut-être au fond n'est-il que synonyme d'ouverture. Il est impossible de saisir l'ouverture car pour saisir, il faut «fermer» la main. Et pour parler de l'ouverture, ne faut-il pas «l'enfermer» dans des mots? L'amour véritable, sans doute, ne peut s'accomplir que dans le silence. Peut-être même n'y a-t-il aucune différence entre l'amour véritable et le silence véritable...

Toute ma vie, comme peut-être la vôtre, n'a été qu'une recherche de l'Amour, de l'Amour absolu, total, sans compromis. Aujourd'hui, après un demi-siècle de recherche, d'élans, de pleurs, il ne me reste plus qu'une conviction : pour pouvoir goûter à la mer, je dois m'y noyer. Pour trouver l'Amour, je dois m'y perdre.

Mais pour en arriver là, il faut d'abord explorer les cinq continents de l'amour, comprendre tous les mirages, souffrir toutes les désillusions.

Pour s'incarner dans un corps physique, dans un corps d'enfant, il faut, d'une certaine façon, décrocher sa conscience du Corps Cosmique, arracher son cœur à l'Amour Infini. Entrer dans la matière, c'est entrer dans l'oubli. Le traumatisme de la naissance est l'expression de cette séparation déchirante.

Comme le poisson hors de l'eau qui n'aspire qu'à une chose, retourner dans son élément, chaque être humain, dès la première seconde après son atterrissage, ne rêve que de retrouver le paradis perdu. Toute sa vie sera consacrée à cette recherche. Son exploration le mènera aux quatre coins du monde matériel. Chacune de ses expériences sera un rêve déçu de ne pas recontacter le « bien-être » divin.

Mais, s'il a du courage, à chaque déception, à chaque illusion démasquée, il reprendra sa route, mû par un nouvel espoir. Il ne sait pas consciemment où il va, mais son âme se rappelle et le pousse à explorer toujours davantage. *Il doit retourner chez lui.* Tel est son destin. Comme le poisson qui ne peut réaliser son appartenance à l'océan à moins d'en sortir, l'âme s'est extirpée du cœur divin pour connaître sa véritable origine. Après avoir plongé des millions de fois dans la matière, après avoir cherché l'Amour divin partout où il ne se trouve pas, elle pourra enfin s'abandonner, épuisée, désespérée, et réaliser sa nature Cosmique, sa nature d'Amour. Nature qu'elle n'a jamais vraiment quittée autrement que dans sa mémoire.

L'amour romantique

Quand les bougies s'allument
autour de ton visage
et que tes yeux ressemblent
à la mer infinie,
j'y vois des goélands silencieux
plonger dedans ton âme bleue
et mourir d'extase
avant de disparaître.
Quand les bougies s'allument
autour de ton silence.

Quand de tes lèvres s'épanouissent
les fleurs sauvages de l'amour,
lorsque j'y bois intensément
la chaleur douce te tes plaintes,
j'y entends l'éternel,
dans son grand clapotis,
chanter merveilleusement,
et je fonds de vouloir
recevoir ta musique.

De ta présence, ouvre-moi l'univers.
J'y ai tant de saine ivresse.
Laisse ta lumière me réinventer.
Quand les bougies dansent
autour de ton visage
et que tes yeux ressemblent
à l'infini des cieux.

Selon le pays intérieur qu'il visite, l'être humain cherche l'Absolu dans le pouvoir, le sexe, l'argent, le travail, quand ce n'est pas dans son auto, son équipe sportive préférée ou le dernier record Guinness. Mais, c'est l'amour romantique qui fascine le plus, l'amour idéal, l'amour projection, l'amour cinématographique, l'amour fusion chanté par tous les poètes. Car rien ne ressemble plus à l'Amour Divin que l'amour humain. De là toute l'énergie, souvent même l'énergie du désespoir, que nous investissons à chercher l'Absolu à travers l'autre.

Mais les dés sont truqués. L'amour humain n'est qu'une expression du besoin insatiable de l'ego de confirmer sa propre existence. La relation amoureuse n'est souvent guère plus qu'une relation de besoins. Nous sommes ici au royaume du conditionné et du conditionnel. Le voyage romantique n'est merveilleux, et ne peut donner lieu aux élans poétiques les plus beaux, que dans la mesure où l'on continue de projeter sur l'autre le besoin d'Absolu que l'on porte en soi. Il n'y a que l'Absolu qui soit merveilleux.

Tout commence dans la relation avec la mère, dans la fusion avec la mère. Ici, tous les espoirs sont permis. Le traumatisme de la séparation est vite adouci par le confort de l'amour maternel. Pendant la première année, c'est la fusion retrouvée. Mais déjà cette fusion n'est pas parfaite. La nourriture, l'affection ne viennent pas instantanément. Il y a des failles. À chaque fois, la douleur de la séparation remonte à la surface.

Peu à peu, l'enfant apprend deux choses qui conditionneront toute sa vie. Il réalise d'abord que la sécurité, l'amour, viennent de l'extérieur de lui-même. Tout ne coule plus de source. Et, de plus en plus, il constate que l'amour maternel, même s'il est immense, n'est pas absolu. Il est limité, relatif, comme tout ce qui appartient au plan terrestre.

L'angoisse de la séparation d'avec l'Absolu ne pourra disparaître que dans une fusion retrouvée avec l'Absolu. Très vite, dans son inconscient, l'enfant invente un être parfait qui seul pourra guérir sa blessure infinie. La recherche de l'âme sœur est commencée.

À chaque nouvelle rencontre amoureuse, on projette sur le partenaire son besoin d'absolu. L'autre devient parfait, mythique. On en fait son cinéma. Pendant quelques heures, quelques jours ou quelques mois, le rêve est réactivé, la fusion retrouvée. Mais très vite, le prince charmant (ou la princesse) sort de l'écran et nous ramène à la douleur de la séparation. Ici et là, pendant quelques instants, la magie revient ; mais elle s'évanouit à nouveau. Encore et encore, les amants mordent la poussière. Encore et encore, ils se relèvent, désespérés d'amour, et se jettent à nouveau dans les bras l'un de l'autre.

Un jour, peut-être, on change de partenaire, espérant mieux. Mais le même scénario recommence. Alors on s'adapte, on se résigne. Personne n'est parfait. On ne peut demander l'impossible. Et puis, la vie à deux peut être très riche.

Mais le besoin d'Absolu, lui, demeure. L'erreur a consisté, depuis le début, à chercher dans l'autre, à l'extérieur de soi. Tôt ou tard, l'homme, ou la femme, au bout de ses peines, se tournera vers l'intérieur. Tel est son destin. Alors commencera le voyage de retour à la source de son être.

La première prise de conscience de notre chercheur sera peut-être la constatation de l'impossibilité de l'amour véritable entre deux egos. « Je » ne peux pas aimer ! Je ne peux pas me donner à toi car je ne me possède pas. C'est toi qui me donne mon existence.

L'Amour véritable n'a rien à voir avec l'attraction, que celle-ci soit biologique, psychologique ou même « spirituelle ». Il n'a rien à voir non plus avec l'instinct parental que nous partageons avec tous les mammifères.

L'Amour Divin, pur, inconditionnel, inconditionné, n'est pas quelque chose que l'on donne. Ce n'est pas non plus quelque chose que l'on fait ou que l'on veut. C'est ce qui reste quand l'ego s'est noyé, s'est abandonné à l'Être, à l'océan de l'Être. L'Amour est le parfum qui se dégage de l'Être en soi.

L'amour de soi

« Aime ton prochain comme toi-même ! »

Il est impossible de savoir si c'est exactement de cette façon que Jésus a exprimé sa pensée. Une chose est certaine cependant, il y a ici un « os ». Car dans cette sentence, l'amour de soi est implicite. On a plus qu'à aimer l'autre de la même façon que l'on s'aime soi-même. Or, rien n'est plus rare sur cette planète que l'amour de soi.

Chaque enfant apprend à s'aimer à travers l'amour que ses parents lui portent. Mais cet amour est conditionnel à ce qu'il soit un « bon garçon » ou une « bonne fille ». Rapidement, le nouveau venu réalise qu'il peut recevoir de l'amour, de l'affection, s'il adopte le bon comportement et qu'il sera rejeté s'il ne le fait pas. On lui enseigne également qu'il y a des bonnes et des mauvaises pensées, des bonnes et des mauvaises émotions. Avec beaucoup de peine, il peut réussir à avoir un certain contrôle sur son comportement, mais pour ce qui est des pensées et des émotions « négatives », impossible de faire quoi que ce soit. Très tôt, il est déjà condamné. Très tôt, il se condamne lui-même.

Quel sens peut avoir l'amour de l'autre dans ces conditions ? Un cœur coupable ne peut donner qu'un amour coupable et surtout, qu'un amour culpabilisant.

Nous possédons tous un côté sombre et un côté lumineux. L'un ne peut aller sans l'autre. Nous vivons dans un monde de dualité. Le blanc ne peut exister sans le noir, le grand sans le petit, l'attraction sans la répulsion. S'aimer soi-même implique une profonde révolution dans notre façon de regarder les choses, une profonde acceptation de cette dualité et par conséquent de ce côté sombre que, tous, nous portons en nous. L'accepter ne veut pas dire le cultiver. Cela signifie simplement relaxer devant cette réalité de notre dimension terrestre ; cesser tout jugement. Ce n'est que dans cette relaxation, dans cet abandon, qui constitue le véritable amour de soi, qu'on pourra se laisser couler vraiment dans les profondeurs de l'Être et fusionner à nouveau avec l'Amour Divin, pur, inconditionné.

L'amour de soi est le premier pas vers la réalisation de l'Amour en soi.

L'amour dans le couple

Tant que le contact n'est pas réalisé avec la source de l'Amour à l'intérieur de soi, l'amour de l'autre ne peut être qu'une illusion. Encore une fois, il faut avoir le courage de voir et d'assumer cette incapacité d'aimer qui est notre lot à tous. Aucune relation de couple ne peut progresser vers l'Amour sans cette constatation de base.

L'amour de l'autre ne devient possible qu'une fois amorcé le long apprentissage de l'amour de soi. Il faut d'abord cesser de se juger soi-même par une profonde acceptation de la réalité que nous sommes. Puis, naturellement, nous cesserons de juger l'autre. Tous les autres, en fait !

Jusque-là, le partenaire n'est qu'une projection qu'on tente de manipuler pour qu'il réponde à nos besoins. Quand les jugements cessent, l'autre acquiert le droit à la différence. Alors peut s'amorcer une relation consciente de moins en moins conditionnée par la peur et la dépendance. Ce type de relation, qui transcende les personnalités, pourra à son tour stimuler l'apprentissage de l'amour de soi, car l'autre est un miroir et nous rappelle constamment où sont les failles, les zones de douleur, de non-acceptation. Une vie de couple réussie est une vie où l'autre devient un support dans la recherche de l'Amour, où chacun donne de plus en plus à l'autre le droit d'être soi-même en toutes circonstances.

Évidemment, il s'agit là d'un idéal rarement atteint car l'amour humain touche ici au spirituel. Seule une profonde et sincère démarche spirituelle chez les deux partenaires pourra permettre de s'en approcher. Et immanquablement, cette recherche sera ponctuée, dès que la vigilance fera défaut, par les multiples affrontements des egos qui – c'est leur nature – s'évertueront toujours à retirer, chacun pour soi, le maximum de la relation.

Pour Osho, l'amour existe à trois niveaux. Le premier est animal, totalement inconscient, instinctuel, biologique. L'attraction sexuelle en est l'expression.

Le deuxième est le niveau psychologique, un peu plus élevé, un peu plus raffiné que l'instinct. Nous sommes ici au royaume de l'émotion, de l'attachement, du désir et de la peur ; du donner et du recevoir. L'amour humain est toujours conditionnel et, en bout de ligne, calculateur. Le mouvement doit se faire aller-retour. L'amour doit être « réciproque ». Le plus gros de l'expérience humaine se situe à ce niveau. C'est ici qu'on apprend à vivre, de peine et de misère.

Si la relation comporte une dimension verticale, évolutive, spirituelle, alors le seul amour véritable, l'Amour Divin, peut devenir accessible. Mais c'est au fond de soi (on pourrait presque dire « derrière » soi) que chacun des deux partenaires le trouvera au bout d'une recherche intime et personnelle. Car si cette recherche peut être facilitée par la relation de couple, elle restera toujours individuelle.

L'amour des autres

« Quand un homme se voit réellement tel qu'il est », nous dit Ouspensky, principal disciple de Gurdjieff, « il ne lui vient pas à l'esprit d'aider les autres. Il aurait honte d'y penser[*]. » Vaut mieux d'après lui cultiver la conscience de son égoïsme. L'ego ne peut être qu'égoïste.

Au sens strict, prétendre aimer ou aider les autres est une sorte de sacrilège, ou au mieux une affirmation d'une grande inconscience. Car celui qui aime vraiment ne sait pas qu'il aime, ne peut pas le savoir.

Bartholomew, pour sa part, conseille simplement de chercher à prendre conscience, à l'aide de la méditation, de notre cœur spirituel, qu'il décrit comme une « petite chaleur » dans la poitrine, que nous devons laisser couler sans chercher à la diriger vers une personne en particulier. « Où elle va, c'est son affaire »,

---

[*] *Fragments d'un enseignement inconnu*, Paris, Stock, p.154.

dit-il, « cet amour n'est pas une émotion qui vient et qui part, il appartient à la vastitude et ne fait que passer à travers nous*. »

Toujours et encore nous revenons à la même évidence : l'Amour n'est qu'un parfum qui se dégage de l'Être en soi. De même que la rose ne choisit pas à qui elle offre son bouquet, la lumière de l'Amour éclaire tout ce qu'elle rencontre sur son passage, sans distinction. Une lumière qui vient de l'Infini et qui retourne à l'Infini.

Amour et méditation

Pour que jaillisse la source d'Amour, il faut donc méditer. Creuser un puits dans l'Être jusqu'aux confins du Silence. Laisser s'ouvrir le trou divin dans l'humain. Prendre un bain d'Infini.

L'Amour et la méditation sont les deux ailes de l'âme, les deux principales couleurs de l'Être. On peut voir l'Amour comme de la Conscience « sentie** » et la Conscience méditative comme de l'Amour éveillé.

Qui n'a pas expérimenté cet « état de grâce » qui descend sur soi dans les moments de grand contentement, devant un coucher de soleil particulièrement envoûtant, après un orgasme particulièrement délicieux, ou une série de réussites exceptionnelles ? Dans ces moments de prédilection, le mental s'arrête. Pendant quelques minutes, il n'y a plus rien à désirer : tout est complet.

Ce qui se passe alors est bien simple : nous « tombons » en état de méditation spontanée. Et l'état de grâce qui descend sur nos cœurs n'est rien d'autre que l'Amour, la lumière de l'Amour, la magie de l'Amour.

---

* *I Come As a Brother*, Taos, NM, High Mesa Press, 1986, p.127.
** L'expression est de Bartholomew. Œuvre déjà citée.

EXERCICE SUR L'AMOUR DE SOI

Asseyez-vous confortablement et fermez les yeux. Méditez pendant cinq à dix minutes pour bien vous centrer.

Puis, visualisez-vous en face d'un miroir. Imaginez que vous voyez dans ce miroir l'aspect de vous-même que vous aimez le moins. Prenez le temps de bien visualiser cette expression de vous-même que vous avez le plus de difficulté à accepter, que vous trouvez la plus laide. Continuez jusqu'à ce que l'image soit imprimée clairement dans votre esprit.

Visualisez maintenant un être de lumière capable selon vous d'amour infini. Ce dernier peut être un maître spirituel que vous admirez ou quelqu'un (homme ou femme) que vous imaginez, tout simplement. Visualisez bien son visage et particulièrement ses yeux remplis d'amour et ressentez à l'intérieur de vous-même cet amour inconditionnel.

Maintenant, ramenez sur l'écran de votre conscience l'image de vous-même que vous n'aimez pas. Et regardez-vous à travers les yeux, le regard, de cet être de lumière que vous venez de visualiser.

Répétez l'exercice à des moments différents jusqu'à ce que vous parveniez à ressentir l'amour inconditionnel de ce « sage » pour ce visage que vous regardez dans le miroir.

10

Du plaisir à la Joie

*E*_{t la joie ?}
Où est-elle... ?

Regardez partout,
vous ne la trouverez pas.
Elle se cache,
comme une enfant qui rit,
entre deux pensées.
Elle se cache sous la nuit,
comme une elfe qui danse
sur un rayon de lune.
Elle est la plénitude
du ciel intérieur,
la lumière au cœur des cellules,
l'innocence du monde.

Pour la voir,
faut disparaître
dans l'oubli.
Faut voyager
sur les ailes du cœur,
au soleil de minuit,
et s'arrêter
sur un silence.

Alors...!
La joie est tout près...
Alors, la joie est partout !
Pour la voir...
il suffit de ne pas regarder.

À mesure que le travail progresse, que les paysages inté-rieurs défilent sans qu'on y réagisse, la conscience s'affine peu à peu. Les pensées tournent de moins en moins vite dans la tête, et l'attention glisse doucement vers le Silence qui se cache, amusé, derrière le temps qui passe. La recherche du bonheur se fait de moins en moins à l'extérieur, dans les plaisirs phy-siques. Et la Joie, mystérieuse, profonde, se substitue lentement au plaisir.

Voyager du plaisir à la Joie, c'est voyager du corps à l'âme, du cœur à l'Être. Le plaisir est matériel, la Joie, spirituelle.

La Joie dont nous parlons ici n'est pas une émotion. Elle n'a rien à voir avec l'exaltation ressentie au moment de la satisfac-tion d'un désir. Rien à voir avec la fébrilité du plaisir. Elle cor-respond à un état de l'Être et ne trouve pas sa source dans le corps physique. Mais, de la même façon que l'amour humain ressemble à l'Amour Divin, rien ne s'apparente plus à la Joie que le plaisir. Les deux cependant appartiennent à des mondes différents. Et, comme nous cherchons sans succès l'Amour Divin à travers l'amour humain, nous poursuivons en vain la Joie à travers le plaisir.

Plaisir et sexualité

Ai-je droit au plaisir sexuel ? La réponse à cette question conditionnera de façon très intime la capacité de chacun de jouir de la vie. Car la relation au plaisir est pratiquement toujours calquée sur la relation à la sexualité.

Pendant la majeure partie de ma vie, j'ai joui de mon corps autant que j'ai pu. Des milliers et des milliers d'orgasmes ont jalonné ma route. Des milliers de voyages au pays de la lumière et de la liberté. À chaque fois, je cherchais à m'éclater toujours davantage dans une sorte de recherche de l'orgasme absolu, de l'orgasme final dont je ne reviendrais plus. À chaque fois, j'en suis revenu ravi mais aussi déçu d'être toujours là avec mes peurs, mes limites, mes chaînes terrestres. Momentanément satisfait, mais aussi toujours un peu plus fatigué, un peu plus vide, un peu plus déprimé. Pendant longtemps, j'ai cru que je n'arrivais pas à la satisfaction finale parce que je ne m'abandonnais pas suffisamment, parce que je ne me perdais pas assez dans le plaisir. Alors, j'essayais encore et encore, seul ou avec d'autres, avec ou sans drogue. J'ai joui parfois jusqu'à l'épuisement total, jusqu'à en trembler pendant plusieurs minutes par la suite, de façon incontrôlable. Je me suis donné totalement au plaisir, j'en suis certain. Mais toujours j'en suis revenu gros Jean comme devant. Et j'en suis arrivé à une évidence : il n'y a pas de solution au mal de vivre dans le plaisir. Que celui-ci d'ailleurs soit sexuel, gastronomique, intellectuel ou artistique, ne fait aucune différence. Comme le dit si bien Khalil Gibran : « Le plaisir est un chant de liberté, mais il n'est pas la liberté[*]. »

Non seulement il n'y a pas de solution dans le plaisir, mais une recherche effrénée de plaisirs ne peut mener qu'à la dépression et à un mal de vivre encore plus aigu qui peut aller jusqu'au désespoir. Car un plaisir ne vient jamais seul. Sa petite sœur siamoise, la souffrance, suit toujours immanquablement. Elle le suit et le précède. On recherche le plaisir dans la tension et on s'y accroche une fois qu'il s'est présenté. On ne veut pas qu'il cesse. Ma recherche du plaisir dans la sexualité m'a procuré autant de souffrance que de jouissance et ce n'est pas peu dire ! Quand j'affirme que nous vivons dans un monde de dualité, que rien n'existe sans son contraire, ce n'est pas pour moi une figure de style. Il n'y a pas une cellule de mon corps, une fibre de mon ego qui ne l'ait appris à ses dépens.

---

[*] *Le prophète*, Paris, Casterman, 1956.

Comme dans le cas de l'amour humain, la principale caractéristique du plaisir, c'est qu'il ne dure pas. Comme tout ce qui appartient à la matière, il est donc très relatif. Le corps peut s'en satisfaire momentanément, mais c'est l'âme qui cherche. Et elle cherche l'Absolu. Jouir et souffrir consciemment ne peut mener qu'à la conclusion suivante : la paix et la joie définitives ne résident pas dans le corps physique.

Elles ne résident pas non plus dans le cœur, centre des émotions. Encore une fois, la joie dont nous parlons ne relève pas du domaine psychologique. La joie de retrouver un ami, de réussir un exploit, etc. est une exaltation de l'ego qui vient de combler un besoin, qui vient de trouver une confirmation momentanée de son existence. Ce genre de joie ou de « bonheur » obéit aux mêmes lois que le plaisir physique. Les petits bonheurs sont comme les petits plaisirs, ils ne durent pas et sont inséparables de la tristesse aussi sûrement que le blanc est inséparable du noir.

Tôt ou tard, le plaisir, qu'il soit physique ou psychologique, cesse de porter en soi la promesse d'un monde meilleur. Tôt ou tard, comme dans la recherche de l'Amour absolu, l'esprit se tourne vers l'intérieur, vers la méditation.

La Joie

La Joie est dépourvue de tensions parce qu'elle accepte tel quel tout ce qui se présente. La tristesse et même le désespoir peuvent se vivre dans la Joie.

La Joie appartient à l'Être. Elle existe en dehors de toute polarité. Comme l'Amour, elle est un des attributs de la Conscience. Ou est-ce la Conscience qui est un des attributs de l'Amour et de la Joie ? Disons que la Joie est un des reflets du grand Mystère divin. Elle est inséparable de l'Être, de l'Amour, de la Conscience. Une joyeuse bande de compères qui s'amusent tout au fond de l'Existence.

Quiconque plonge totalement dans l'instant présent y trouvera la Joie. Contrairement au plaisir, elle n'est le résultat d'aucune stimulation, ne dépend de personne et dure aussi longtemps que le temps, et dure aussi longtemps qu'on y boit. La Joie est une enfant qui rit entre deux pensées, une elfe qui danse sur un rayon de lune. Elle est la lumière du Silence, la lumière de l'Amour, une lumière qui vient du fond le plus caché de l'Existence et qui devient visible dans les yeux, dans l'aura, de quiconque s'est abandonné à sa nature divine, ne serait-ce que quelques secondes. La Joie, comme l'Amour, est un mystère qui ne sera jamais résolu mais qui peut se vivre.

Le plaisir, la Joie et la liberté

« Le plaisir est un chant de liberté mais il n'est pas la liberté*. » La lumière et la liberté ressenties dans le plaisir physique ou psychologique ne sont possibles que parce que l'ego a relâché sa contraction pendant quelques secondes. Un désir est satisfait, un objectif est atteint, une tension s'est dissoute momentanément. L'énergie qui était emmagasinée dans cette tension devient disponible à nouveau. Un plaisir est expérimenté, un chant intérieur de liberté, de libération. On pourrait presque dire de soulagement. Mais la tension reviendra très vite. On voudra de nouveau ressentir ce plaisir qui ne pourra se vivre encore une fois qu'au moment où la tension se relâchera. Puis le désir reviendra, et ainsi de suite. Où est la liberté dans tout ça ? Il n'y a ici qu'un mécanisme automatique et la plupart du temps inconscient.

La véritable liberté est ailleurs, dans la Joie inconditionnée. La véritable liberté n'appartient à personne. Pour qu'elle voit le jour, l'ego doit se dissoudre dans l'Être. Abandon, Joie et liberté sont synonymes. Dixit Osho : « Je suis un enfant qui joue

_____
* Œuvre déjà citée.

au bord de la mer du temps, ramassant des coquillages, des pierres colorées... Je suis immensément comblé. Je ne sais pas qui je suis parce que je ne suis pas. »

11

L'état de grâce

N ous avons tous vécu de ces instants magiques où notre cœur est littéralement transporté par la beauté d'un paysage. En ces moments bénis, tout s'arrête soudainement. Comme nous l'avons déjà mentionné, nous « tombons » alors spontanément en état de méditation. Le mental se repose et l'Amour et la Joie remplissent notre âme.

Pour qui médite régulièrement, qui s'est engagé à fond dans ce voyage vers la lumière, ces instants de grâce surgissent de plus en plus souvent et ce, quel que soit le contexte extérieur. Méditer consiste aussi à cultiver cette ouverture du cœur. Alors, de temps en temps, debout face à une fenêtre, à regarder la nature, ou assis simplement sur le bord d'une piscine, tout à coup, la radio mentale s'arrête. Pendant quelques minutes, pas une seule pensée. Plus que l'instant impersonnel. L'éternité retrouvée.

Derrière la porte,
une autre porte,
infinie.
Derrière l'érable,
un autre érable,
éternel.
Derrière le ciel,
un autre ciel,
absolu.

En ces moments de relâche, l'ego est suspendu, l'être spirituel prend le pas sur la personnalité extérieure. Nous retournons, pour ainsi dire, à la maison, dans la rue et le pays d'avant l'enfance, nous replonger dans l'alcôve divine, question de refaire le plein de courage avant de poursuivre la route dans nos habits humains trop petits.

Ces états de grâce sont des cadeaux du ciel que je reçois souvent, en ce qui me concerne, durant des périodes de communion avec la nature. J'aimerais bien en partager quelques-uns avec vous, par pur plaisir, question aussi, peut-être, d'allumer un feu ou d'attiser celui qui brûle déjà au cœur de votre cœur.

Même si, formellement, ils appartiennent au passé, je ne peux retrouver ces états, et surtout je ne peux en parler, que dans l'intimité du présent.

Assis sur une roche...

Un matin de juillet, ne pouvant dormir, je me lève, à l'aube, pour aller marcher dans les champs. La nature dort encore à poings fermés ; je n'entends que le bruissement de l'herbe sous mes pas.

Progressivement, une profonde communion s'installe avec toute cette vie qui ronronne à l'intérieur comme à l'extérieur.

Après une heure peut-être de marche... une belle rencontre : une grosse roche plate qui trône au milieu d'un champ. Je grimpe et m'assois en méditation. Les yeux fermés, je savoure toutes les subtiles vibrations qui me pénètrent de toutes parts.

Et je perds la mémoire...

Un monde de mystères remplit ma conscience de secrets éternels.

Pendant de longues minutes, une paix océanique, grosse de tous les chants du monde...

Puis, soudainement, un jeune oisillon courageux, ou un jeune insomniaque comme moi, perce timidement d'un petit cri brouillon le vibrant silence.

Quelques longues secondes d'enchantement... puis un autre cri, plus hardi celui-là, comme pour dire aux autres :

« Réveillez-vous ! Le soleil va se lever ! »

Et bientôt, d'autres petits cris, d'autres petits chants. Jeunes et moins jeunes se joignent à lui, et progressivement, c'est toute la nature qui s'éveille, qui commence à bouger fébrilement. Les feuilles des arbres se mettent à frémir. Des craquements et des tintements se font entendre un peu partout.

Une brise douce et sucrée comme un jupon de femme caresse mon visage. Un frisson d'extase traverse mon corps de la tête aux pieds. J'ouvre les yeux... Surprise ! Le jour a déjà remplacé l'aube.

Deux écureuils jouent à se faire peur. Tout le monde est maintenant bien affairé.

Et finalement, le grand seigneur de la lumière se pointe majestueusement derrière la colline et colore le ciel d'un jaune formidable.

C'est l'euphorie. Chaque brin d'herbe, chaque perle de rosée s'allume. La vie devient trépidante. C'est l'inauguration officielle d'un autre jour, une autre fête de la lumière.

Trop de joie à contenir. Quelques larmes coulent sur mes joues. Une grande tendresse m'enveloppe. Je suis un roi, au milieu d'un champ magique, assis sur une grosse pierre philosophale !

Soudainement, j'entends grincer les rouages d'un premier tracteur, quelques centaines de mètres plus loin. Le charme est rompu. Je me lève et me dirige paisiblement vers le village. Je viens à la fois de me perdre et de me rencontrer. Le temps d'un tango, j'ai perdu contact avec mon drame, l'ego s'est évanoui dans la paix.

Prière sous la pluie

Un matin pas comme les autres, un matin pluvieux et chaud, je décide d'aller marcher sous la pluie. Il est six heures.

Toute la nature est emmitouflée dans un brouillard humide et tiède. Drapée d'un voile de mystère.

La pluie tombe, tranquille, silencieuse. Je marche lentement, minutieusement, sans protection. Progressivement, mes cheveux, mon visage s'humectent et je succombe au charme. Chaque gouttelette qui glisse sur ma peau me transporte dans un monde merveilleux de sensations délicates, enivrantes. On dirait les doigts fragiles et sensuels d'une fée parcourant mon épiderme.

À un moment donné de mon pèlerinage, je décide d'entrer dans un sous-bois de jeunes trembles et de bouleaux encore adolescents. Je m'assois parmi eux, avec eux. Ensemble, nous buvons la pluie douce et nourricière qui pénètre jusqu'à nos cœurs. Le temps d'une prière, d'un frisson, je consens à mourir, à devenir bouleau, murmure de fine pluie matinale.

Puis je me lève et m'enfonce dans la forêt. M'en vais rencontrer quelqu'un. Un vieil ami! Après quelques minutes de marche, je l'aperçois au détour du sentier. Mû par un élan irrésistible, je l'entoure de mes deux bras et le serre tendrement contre ma poitrine... mon vieux cèdre.

Il doit être centenaire. Sur son écorce rugeuse et ruisselante, je colle ma joue et j'écoute... Je l'écoute parler au Silence. Mes yeux se ferment, mon cœur s'ouvre, mon esprit se calme.

Il n'y a plus qu'un peu d'amour humide dans une forêt enchantée.

Une pluie vigoureuse tambourine maintenant sur mon cuir chevelu et me ramène dans mon corps d'humain. Je décide de rentrer.

Les plages de Goa

Les plages de Goa sur les côtes occidentales de l'Inde. 1976. Des dunes de sable à l'infini, pas d'hôtels. Quelques centaines de « freaks », installés en colonies dans les recoins les plus ombragés et vivant nus, dans l'air salin, d'amour, d'eau fraîche et de haschich. Avec le temps, leurs corps ont pris la couleur du sable et se moulent tellement bien aux lignes du décor qu'on dirait qu'ils en font partie depuis toujours.

La chambre est grande, directement sur la plage. Le propriétaire est un véritable personnage de bandes dessinées. Curé de la paroisse catholique du village voisin, il nous change de l'argent au marché noir et invite ma blonde, quand je ne suis pas là, à venir prendre sa douche avec lui derrière la villa.

Notre voisin de palier est un Américain sympathique qui a quitté sa « commune » californienne pour s'installer en Inde où il vit richement depuis plusieurs années du commerce du haschich. Mais, quel Occidental n'est pas riche en Inde ? Ici, nous sommes logés, nourris, bronzés et même drogués pour à peine un peu plus d'un dollar par jour.

Le paradis. Les journées coulent à regarder la mer briller, s'évaporer au soleil, à se baigner nus dans l'eau tiède et à savourer l'atmosphère d'exotisme et d'érotisme qui sature l'air ambiant. Dans le lourd silence des après-midi, chaque croassement emporté par le vent devient un événement. Chaque jour, des vendeuses itinérantes nous apportent les fruits, le poisson frais et les légumes dont nous avons besoin.

Et puis, au moment le plus repu de la journée, au moment où nous n'en pouvons plus de tant de beauté et d'extase, un dénouement grandiose : le coucher du soleil sur la mer.

Comme une porte ouverte sur un autre monde, comme un spectacle envoûtant arrangé par les dieux pour charmer notre âme et la transporter dans leurs sphères mystérieuses.

Vers 6 heures, la mer se calme doucement. Les corneilles se taisent. Sous nos yeux, lentement, le soleil se transforme en un ballon rouge sang, parfaitement rond, et s'enfonce dans l'eau comme on s'enfonce dans l'être aimé, langoureusement, silencieusement. Avant que la mer ne l'avale complètement, les dauphins viennent danser en contre-jour avec les pêcheurs qui rentrent de leur pêche, debout dans leurs barques ancestrales. Chaque soir, je reste médusé, interdit, et je plonge dans l'éternel.

Trois semaines passent ainsi comme un bateau qui passe sur l'océan. Un bateau qu'on suit béatement du regard pendant qu'à l'intérieur, rien ne bouge.

Le jour de notre départ, un porc me ramène brusquement à la réalité terrestre. Assis dans une installation primaire en béton qui tient lieu de toilette, je remarque le cochon qui attend impatiemment à l'arrière que mes matières fécales descendent par la chute. Le sourire aux lèvres, je m'apprête à lui livrer son dîner quand, tout à coup, il s'introduit dans la chute et décide de venir chercher lui-même son dû. Heureusement, j'ai gardé, du temps où je jouais au ping-pong, d'excellents réflexes. Autrement, mon « invité » dégustait comme entrée des amourettes de Québécois et, dans l'opération, je perdais mes testicules.

Sur le mont Teide

Tenerife, Îles Canaries, 24 décembre. Sans dire où nous allons, notre ami nous demande de préparer une valise pour la nuit. Un peu nerveux, il nous presse de sortir le plus tôt possible. Nous montons dans sa petite Renault. Il décolle à toute allure et se dirige vers les hauteurs.

Le ciel est complètement couvert. Après 20 minutes de route environ, nous pénétrons dans la masse nuageuse qui se fait de plus en plus dense à mesure que nous avançons.

« J'espère qu'on arrivera à temps », laisse-t-il échapper nerveusement.

« Mais arriver où ? »

La question ne se rend pas jusqu'à mes cordes vocales. Mais dans ma tête, le questionnement se poursuit :

« Qu'est-ce qu'il peut bien y avoir d'intéressant à découvrir dans un brouillard aussi épais ? Allons-nous visiter l'abominable homme des neiges ? »

Silencieux, notre guide continue de négocier chaque virage avec autant de concentration, de détermination. De toute évidence nous prenons de l'altitude. Mais on n'y voit rien ! Impossible de profiter du paysage.

Notre course ascendante dure depuis presque une heure maintenant. Je commence à me sentir inconfortable dans cette auto exiguë qui fonce à toute allure dans l'inconnu, qui tourne à gauche, à droite, à tout moment, sans avertir. Depuis quelques minutes, j'arrive à discerner de vagues silhouettes d'arbres autour de nous. Nous sommes probablement en pleine forêt.

Puis, tout à coup, c'est la révélation ! En un clin d'œil, l'angoisse fait place à l'extase. Nous venons de déboucher au-dessus de la masse nuageuse dans un univers magique, presque irréel, d'une beauté à couper le souffle. L'auto s'arrête. Nous descendons.

Au-dessus de nos têtes, un ciel indigo d'une grande pureté. Devant nous, à nos pieds, un soleil couchant sur un tapis de nuages roses. Un soleil princier, chargé de toutes les beautés de sa journée, qui étend sa lumière langoureusement sur le matelas de mousse grand comme une prairie vaste jusqu'à l'horizon. Nous arrivons juste à temps pour le voir s'engloutir dans l'océan de laine, emportant avec lui la chaleur de toute une île. Une grande ivresse s'empare de moi. Je dois me retenir pour ne pas me lancer à corps perdu sur ce tapis magique de lumière rose qui commence quelques mètres à peine devant moi.

Autour de nous, une forêt de grands pins verts assise sur une terre rouille, presque rouge, participe avec nous au spectacle et ajoute ses couleurs au tableau déjà surréel.

L'atmosphère est nettement spirituelle. Je sens mon âme, ma conscience, s'élever naturellement au-dessus des vicissitudes de ma vie pour me rappeler encore une fois qu'il existe à l'intérieur de moi un espace, quelque part, là...par en haut, où tout est beau, tout est calme, tout est pur en permanence. Il y a quelques minutes à peine nous louvoyions dans un épais brouillard. Il a suffi de nous élever quelque peu pour déboucher dans la lumière, la pureté, l'extase. Je ne peux m'empêcher de faire le parallèle avec la méditation qui permet, de la même façon, de nous élever au-dessus de nos angoisses et de notre « téléroman » quotidien. Ah ! Pouvoir toujours vivre à cette altitude !

Un autre automobiliste s'arrête près de nous. Il descend lui aussi de sa voiture et regarde... absorbé avec nous dans un profond silence. Imperceptiblement, dans notre petit groupe, tout se transforme en Amour. La lumière, la forêt, se transforment en Amour. Une tendre intimité nous unit avec cet étranger dont nous ne voyons même pas le visage. Quelques larmes de joie coulent sur mes joues. Merci.

Quelques minutes encore et nous reprenons notre ascension. Nous sommes sur le mont Teide, un immense volcan, éteint depuis très longtemps, qui domine toute l'île de Tenerife. Pendant quelques kilomètres, nous continuons de serpenter dans cette magnifique forêt de pins qu'on dirait d'un autre monde. Puis, les arbres se font de plus en plus petits. Très vite nous débouchons dans un environnement rocheux presque désertique. La température descend rapidement. Mais où allons-nous?

Mystère.

Nous sommes entre chien et loup. Lentement, la nuit s'empare de la montagne.

Soudainement, notre ami laisse échapper une phrase:

« Il y a un cratère tout en haut ! »

Effectivement, après une autre demi-heure, nous aboutissons dans un grand espace ouvert, comme un grand lac de terre gelée, à 3 000 mètres d'altitude : le cratère du Teide. Et là tout au fond... un hôtel ! Un hôtel du gouvernement qui ressemble à un ancien monastère récupéré pour les touristes en mal d'exotisme. En face du bâtiment, splendide et fier, se dresse le sommet enneigé du Teide, immaculé, un cône parfait de 300 mètres d'altitude, qui trône sur toute l'île.

Dans quelques heures, ce sera Noël.

12

La mort ?

Tout au fond du puits,
tout au fond de moi,
il y a une petite chambre,
sans meuble, sans forme.
Dans cette petite chambre,
je suis mort...
C'est ma pièce préférée.
On y trouve de tout
et surtout... rien.

Au centre de la pièce,
qui se trouve un peu partout,
il y a un rêve
dans une boule de cristal.
Dans ce rêve,
il y a la vie.
Elle n'a ni commencement,
ni fin.

Chaque fois que j'entre dans la mort,
je plonge mon regard de lumière
dans le rêve de la vie.
Et chaque fois j'y aperçois,
tout au fond,
une sorte de puits,
avec une petite échelle

qui mène à une petite chambre
toute faite de silence
et de nuit.

Au centre de cette chambre,
sans meuble, sans forme,
une boule de rêve...
une boule d'infini.
Sans aucun effort,
je peux y voir
la lumière de ma mort
qui brille,
comme une prière,
au centre de ma vie.

Du point de vue de la Conscience Cosmique, la mort n'est qu'un autre rêve, qu'un reflet du rêve de la vie. L'un se vit dans la matière, l'autre dans l'esprit ou le mental désincarné. L'un n'est pas plus réel ou irréel que l'autre. En fait, la vie et la mort se nourrissent respectivement de l'image de l'autre de la même façon que le blanc se nourrit du noir et le noir du blanc. La mort ne peut exister sans la vie et la vie sans la mort. À la limite, tout ça n'est qu'un jeu de l'Esprit. Rien d'autre n'existe que des états de conscience différents, plus ou moins éveillés, plus ou moins incarnés.

Du point de vue de l'âme individuelle, la mort est une autre expérience, un autre voyage dans l'énergie, qui peut être, tout comme la vie terrestre, un voyage de repos, une période de vacances, ou un séjour plus ou moins prolongé dans l'angoisse la plus lancinante. Dans le corps physique comme en dehors de celui-ci, la conscience individuelle poursuit sa route avec les acquis du passé.

Dans son livre *Easy Death**, Adi Da affirme que la vie après la mort est une continuation de la vie avant la mort. Et surtout,

---

* Clearlake, Californie, The Dawn Horse Press, 1991.

que la qualité de l'expérience entre deux incarnations dépend essentiellement de la qualité de conscience (de présence, d'amour) avec laquelle a été vécu le voyage dans la matière. « La mort n'est pas une libération » affirme-t-il. Tout simplement, le lien avec le corps physique, et donc avec le monde matériel, est rompu momentanément. En d'autres mots, l'esprit continue seul son voyage, sans le corps.

Pendant sa vie terrestre, l'entité a le loisir d'influencer le fonctionnement et particulièrement le contenu de son mental. Chacun peut, par différentes pratiques, dont celle de la méditation, purifier son inconscient (et son conscient) de tendances et perceptions qui génèrent de la souffrance pour soi et les autres, permettant à la conscience individuelle de prendre de l'expansion et donc d'améliorer la qualité de l'expérience.

Après la mort, selon Adi Da, cette possibilité d'influencer le contenu du mental est perdue. L'expérience de l'entité correspond alors exactement aux tendances inconscientes présentes au moment de la transition et aux niveaux de perceptions conscientes développés durant l'incarnation. D'une certaine façon, on pourrait dire que le contenu du mental qui a été généré durant la vie dans le corps doit maintenant se consumer, se brûler « jusqu'à épuisement des stocks » sans que l'entité ne puisse intervenir d'aucune façon dans le processus. Toute possibilité d'évolution, de détachement, est suspendue jusqu'à la prochaine incarnation.

Un peu comme dans nos rêves, la nuit. La qualité de nos rêves ne peut évoluer que dans la mesure où un travail de « conscientisation » est réalisé pendant les périodes d'éveil. Si aucun travail ne se fait, les mêmes rêves se répéteront jusqu'à ce que l'énergie qu'ils contiennent soit consumée. Et tout comme l'état de nos pensées, au moment de s'endormir le soir, peut générer une nuit de cauchemar ou une nuit « divine », l'état de conscience présent au moment de la mort nous projettera dans des plans d'existence que l'on peut qualifier de « ciels » ou « d'enfers ».

Cette « compréhension » de Adi Da m'apparaît d'une criante vérité. En même temps que nous créons notre vie terrestre par l'énergie que nous accordons (consciemment ou non) à certaines pensées, nous créons aussi notre mort, ou notre vie après la mort. La mort n'est donc pas une libération de la vie pas plus que la vie n'est une libération de la mort. La véritable libération ne peut se trouver que dans la « désidentification » d'avec le « je », que dans la réalisation de la nature Cosmique de l'Être. Ou, si l'on veut, la seule mort véritable, la seule mort libératrice, est la mort de l'ego.

Mort du corps vs mort de l'ego

Certains sages de l'Antiquité l'appelaient la « Grande Mort ». La mort de l'ego est la seule mort qui fasse peur véritablement.

La mort du corps n'effraie que dans la mesure où l'identification avec la matière est totale. Ce qui est rare et pratiquement toujours temporaire. Au moment de la transition, un processus naturel de spiritualisation a presque toujours lieu. Ce qui rend le passage plus facile, plus acceptable. Et puis, chacun sait nécessairement qu'une certaine identité personnelle continue après la « mort », puisque telle est la réalité et que tous nous connaissons cette réalité au fond de nous. On peut ne pas vouloir mourir parce qu'on est attaché à la vie, à des gens, à des lieux. Mais les personnes qui travaillent avec les mourants savent qu'on a très rarement peur de mourir comme tel. Et quand la peur est présente, il s'agit toujours de la peur de la mort de l'ego, de l'annihilation du « je ».

Toute personne qui a vécu une ou des expériences « hors corps » sait que la disparition du corps n'est pas la fin de tout. Pourtant, l'angoisse ne disparaît pas pour autant de la vie quotidienne. Cette connaissance n'est en soi qu'une libération très partielle. Car le problème est avec l'ego, non avec le corps. En fait, même dans « l'au-delà » la peur de l'annihilation subsiste certainement.

La seule expérience véritablement libératrice est l'expérience « hors ego » dans laquelle plus aucune trace ne demeure de l'identité « personnelle ». Plus aucune trace matérielle, plus aucune trace psychologique, psychique ou même spirituelle. Plus personne pour dire « je ». Et pourtant... l'Existence demeure, Impersonnelle, Divine, totale et complète. Rien ne manque sauf cette folle idée du « je ».

Si cette réalisation (de la nature illusoire de l'ego) est complètement intégrée au vécu quotidien, toute peur disparaît et l'entité est enfin libre. Car l'ego est en soi la seule entreprise génératrice de peur. L'ego est un château de sable toujours à refaire qui doit craindre chaque nouvelle marée, une maison aux mûrs très ténus qui ne peut garder sa chaleur. Jour après jour, il s'épuise pour conserver son existence, pour convaincre les autres egos de sa valeur. Un peu d'indifférence et le voilà par terre. L'ego... source de toute souffrance, de toute peur.

Réaliser sa nature divine, c'est réaliser que nous ne sommes pas des egos et que, par conséquent, nous n'avons aucune raison d'avoir peur.

La mort de l'ego, c'est le retour aux sources, la mort de l'inconscience. La mort de l'ego, c'est le retour de la Conscience, source de tout.

Préparer sa mort

Il n'y a pas de différence entre apprendre à vivre et apprendre à mourir. Pas de différence entre la peur de mourir et la peur de vivre. La peur, c'est la peur ! Et il n'y a qu'une façon de gérer la peur : il faut lui faire de la place, accepter de la vivre, de l'explorer consciemment jusque dans ses racines. Le véritable chercheur spirituel est celui qui se tient debout au milieu de son angoisse, qui la regarde en face pour éventuellement arriver à la comprendre et la transcender. Debout devant la mort qui peut survenir n'importe quand, devant aussi toutes ces petites morts ou petits deuils de la vie quotidienne. Toutes ces petites humiliations infligées à l'ego.

Depuis plusieurs années, la présence de la mort me suit pas à pas. Chaque jour, chaque heure, chaque seconde qui passe me rapproche un peu plus de ce moment où je devrai quitter cette personnalité, cette identité que trop souvent encore je prends, par réflexe, pour ma réalité. Le courage de vivre avec la constante perspective de la mort libère l'urgence de vivre totalement chaque instant qui passe. L'urgence de se donner à cette Vie qui bat au cœur de chacune de nos cellules. Demain, il sera peut-être trop tard ! Tous ceux qui ont frôlé la mort de près savent cela.

La peur de vivre est la peur que si nous nous abandonnons totalement, nous rencontrerons la mort.

Et nous avons raison ! L'abandon total signifie la fin de l'ego. Mais ce que nous oublions encore et encore, c'est que l'ego n'est qu'un mythe. La fin de l'ego n'est que la fin d'un rêve. Nous sommes comme ces oiseaux qui paniquent à la vue d'un épouvantail. Nos monstres intérieurs, que nous avons tendance à fuir dans toutes sortes d'activités physiques ou mentales, ne sont aussi que des épouvantails. Si nous trouvons le courage de les affronter, nous découvrirons qu'ils ne sont en réalité que les gardiens des portes de notre libération.

Vivre totalement, c'est laisser venir et mourir chaque joie, chaque peur, sans vouloir ni posséder ni repousser ; c'est lâcher prise à chaque résistance. Pratiquer le détachement.

Oui ! Apprendre à vivre et apprendre à mourir ne sont qu'une seule et même chose.

Ma vie...
qu'une boule de rêve
au centre de ma mort
qui brille comme une prière
au centre de ma vie.

MÉDITATIONS SUR LA MORT

Dans certains pays (l'Inde, par exemple), le contact avec la mort est beaucoup plus quotidien, intime, que dans nos sociétés aseptisées où l'on cache les cadavres le plus possible. On va même jusqu'à les embaumer pour les empêcher de «sentir» la mort.

Si vous avez le privilège d'être près d'un mourant ou d'un mort, ne manquez pas l'occasion de méditer, de ressentir ce qui se passe pour vous en présence de cette énergie.

Si vous rencontrez un animal mort sur votre route, ou peut-être seulement un arbre mort qui vous frappe particulièrement, arrêtez-vous, asseyez-vous et méditez les yeux ouverts. Observez l'expression de la mort, ressentez à l'intérieur de vous le malaise qu'elle provoque, la «contraction» dans votre énergie. Cette contraction est celle de l'ego qui projette sur la situation sa peur de disparaître.

Pour augmenter votre vulnérabilité à l'énergie de la mort, essayez l'exercice suivant : Portez attention à votre expiration. Mourir, c'est expirer pour la dernière fois. Expirez comme si c'était la dernière fois. Expirez totalement, dans un mouvement abrupt, final, et attendez avant d'inspirer de nouveau. Réalisez ce qui se passe à l'intérieur ; soyez attentif. Répétez jusqu'à ce que vous preniez contact avec l'énergie de la mort qui peut se manifester d'abord par une réaction de peur ou d'angoisse.

13

Le maître spirituel

On peut choisir un psychothérapeute ou un guide spirituel, mais, aussi sûrement qu'on ne peut décider de devenir amoureux, on ne peut «choisir» un maître spirituel. Car le choix se fait avec la tête après avoir comparé différentes possibilités, alors que la relation au «gourou» est essentiellement une affaire de cœur.

Le psychothérapeute, la plupart du temps, aide son client à consolider son ego, ses capacités d'adaptation sociale. Le guide spirituel, lui, agit surtout comme un accompagnateur qui conseille ses étudiants sur la voie. Un peu plus avancé ou expérimenté qu'eux, il les aide à réaliser que l'ego non seulement ne doit pas être consolidé mais qu'il est, en fait, le seul véritable problème, la source de toutes les souffrances.

Le maître est dans une classe à part. Beaucoup plus évolué que ses «disciples», il attire à lui ceux et celles qui vibrent à son diapason et cherche, par toutes sortes de moyens, à déclencher un éveil. Il est un provocateur qui pousse l'ego jusque dans ses derniers retranchements. Comme il ne fonctionne plus, en principe, à partir de son propre ego, il tient peu compte habituellement des conventions sociales et fait souvent figure d'extravagant. Sa perspective est tellement différente de celle de l'homme de la rue ou même de ses disciples qu'il est impossible pour ces derniers d'évaluer correctement son comportement. C'est pourquoi il fait peur et peut être (selon la conception courante) dangereux pour les plus fragiles psychologiquement. On est séduit par un maître, on en devient «amoureux» et advienne que pourra ! Le potentiel de croissance est énorme. Le potentiel de désillusion aussi. Tout dépend souvent des motivations réelles et des projections qui existent au départ.

Voici l'histoire de ma rencontre avec un tel maître.

Une rencontre qui a marqué un tournant décisif dans ma vie et qui n'a rien à voir avec l'intellect ou un choix logique quelconque.

Nous sommes au printemps 1977. Ma compagne vient de m'abandonner et je suis plongé dans la terreur. Une tempête de peur et d'insécurité qui m'ébranle de fond en comble. Je sens une telle douleur dans ma poitrine que je crains d'y laisser ma peau. Partout, à l'intérieur, c'est le désert, la désolation. Je me consume littéralement. Vais-je m'en sortir ?

Subitement, au milieu de la tourmente, je me sens malgré moi « partir en méditation », comme si une force supérieure tirait ma conscience vers le haut. Je m'installe sur le divan pour méditer et après quelques secondes seulement de concentration...!

Il est très difficile d'exprimer vraiment ce qui se passe alors, l'expérience est trop profonde. Disons que j'ai une vision. Mais c'est beaucoup plus qu'une vision parce que je suis vu autant que je vois. En fait, je rencontre un homme. Il est manifestement indien, dans la quarantaine et presque chauve. Assis par terre en position du lotus, il ne porte qu'un « longui » pour tout vêtement. Il me regarde droit dans les yeux avec un amour, une compassion que je n'ai jamais expérimentés auparavant. Ce simple regard d'une bonté infinie, et qui ne dure que quelques secondes, produit dans tout mon corps une décharge énergétique qui ressemble de très près au frisson de l'orgasme et transforme complètement et instantanément mon état psychologique. De moribond et déprimé, je deviens joyeux et plein d'énergie. Non seulement l'angoisse, la douleur, sont-elles disparues, je suis maintenant dans un état extatique. Pendant plusieurs minutes, je reste là, immobile, bouleversé. Des larmes de reconnaissance coulent doucement sur mes joues.

Je viens tout juste de décider, il y a une semaine, de retourner en Inde, pays que j'ai visité il y a un an à peine. Je réalise maintenant que je vais y rencontrer cet être qui vient de me contacter et dont j'ai senti la présence de façon aussi tangible que s'il avait été assis là, en face de moi, dans mon salon.

Septembre 1977. Me voilà plongé dans la vie trépidante et la chaleur humide de Bombay. Destination : l'ashram d'Aurobindo à Pondichéry, dans le sud du pays. Peut-être y trouverai-je Satprem, un des principaux disciples du maître (décédé depuis longtemps) et avec qui je sens, après avoir lu quelques-uns de ses livres, une affinité particulière. Peut-être était-ce lui mon mystérieux visiteur ?

Un long trajet. Comme première étape, je décide de m'embarquer sur le bateau de Bombay à Goa pour aller me rassasier de soleil et de sable chaud pendant quelque temps avant de continuer. La tentation est trop forte. Je rêve de retrouver les plages sauvages de Goa et la poésie de mon séjour précédent.

« Pas de bateau avant une semaine », me crie le type du guichet. « No service during monsoon », insiste-t-il avec un accent presque chinois. Je veux absolument faire le voyage par mer. J'attendrai donc la fin officielle de la saison des pluies.

Mais Bombay est une ville sale et bruyante. Je ne me vois pas y passer une semaine. Avant mon départ, une amie m'a parlé d'un maître spirituel un peu spécial qui attire beaucoup de monde à Poona, à cinq heures de train de Bombay. J'utiliserai ces quelques jours d'attente pour aller visiter l'endroit.

À peine arrivé à Poona, je décide de reprendre le train pour ailleurs, sans même visiter l'ashram. Pour une raison inconnue, je m'y sens très inconfortable. Mais au moment même où je prends ma résolution, un phénomène étrange se produit : je me sens « partir » vers le haut, comme si ma tête devenait un ballon gonflé à l'hélium et qu'elle cherchait à s'envoler subitement. Autrement dit, je me sens partir en méditation. Le même phénomène avait précédé ma « vision » d'avant mon départ, qui avait tant bouleversé mon humeur. Je ne fais pas le lien immédiatement mais je reste assez impressionné pour revenir sur ma décision. Je visiterai ce maître, Bhagwan Shree Rajneesh.

Le lendemain matin, je franchis à pied la distance qui me sépare de l'ashram. À mon arrivée, on me dirige vers la librairie où je me renseigne sur les activités régulières. Je suis reçu par une femme magnifique qui répond à mes questions avec diligence. À un moment donné, je remarque sur le comptoir une photo encadrée d'un homme dans la quarantaine, presque chauve, au visage rond et lumineux.

ET C'EST LE CHOC ! Peut-être le plus grand choc de toute ma vie. Pendant quelques secondes, je reste interloqué. Ma respiration s'arrête, mon cœur s'emballe. Je termine ma phrase du mieux que je peux et, pendant que j'attends qu'on me remette le programme, je réalise toute l'ampleur de ce qui m'arrive : je viens de reconnaître le visage de l'homme qui m'a contacté dans cette vision du printemps dernier et qui a transformé en un quart de seconde ma dépression en extase. Je suis profondément ébranlé. Une peur intense s'empare de moi. Sans poser de questions et d'une voix chevrotante, je remercie la préposée et sors de l'ashram le plus vite possible.

Dans la rue, je respire un peu mieux, mais je titube assez pour avoir peur qu'on me remarque. Je me sens soudainement comme catapulté dans une autre dimension qui ressemble beaucoup, au niveau des sensations, à ce que j'ai vécu lors de mon premier voyage de L.S.D. Mon cerveau rationnel, en état de choc, ne fonctionne plus. Pendant deux ou trois jours, je demeure dans un état altéré de conscience. Par moments, le temps et l'espace semblent disparaître complètement : j'ai des expériences de contact très réel avec des amis du Québec dont j'entends distinctement la voix, dont je vois très clairement le visage.

Immobile, étendu sur mon lit pendant des heures, je laisse lentement la peur faire place à la fascination. Aurais-je enfin trouvé mon maître spirituel ?

Dans les enseignements traditionnels, on répète souvent : « Quand le disciple est prêt, le maître apparaît. » Pendant les premières années de ma recherche, cette phrase miroitait souvent dans mon esprit. Vais-je un jour être assez « prêt » pour rencontrer un maître ?

Le choc de ma rencontre avec « Bhagwan » en septembre 77 fut tellement énorme que je décidai sur-le-champ, et sans aucune réflexion, de devenir son disciple. En fait, je n'avais aucune idée du sens réel de mon « engagement ». Je ne m'en préoccupais pas trop puisque Bhagwan disait que, la plupart du temps, les gens deviennent disciple pour les mauvaises raisons, au départ. Ce n'est qu'après un certain temps, répétait-il, après avoir réalisé le sens profond de la relation maître-disciple, qu'un véritable engagement peut survenir.

Est-ce vraiment le maître qui trouve le disciple et non l'inverse? À la façon dont les choses se sont passées, on peut le croire facilement. J'étais emporté par un courant irrésistible. Aucun contrôle sur les événements. Avais-je vraiment *décidé* de devenir disciple?

Mon histoire ressemblait à d'autres que j'entendis par la suite. Cette reine de beauté suisse, par exemple, se dirigeait vers le Cachemire pour y passer des vacances, quand Bhagwan lui apparut en rêve pour lui dire que le temps n'était pas très beau au Cachemire et qu'elle devrait plutôt venir à Poona le rencontrer. Ce qu'elle fit... Ou encore ce Tunisien qui ne devait que passer, sans s'arrêter, par la gare de Poona et qui descendit du train, sans trop savoir pourquoi. Quelques mois plus tard, il était disciple.

C'est donc en spectateur fasciné de ma propre vie que je me retrouvai, le soir du 28 septembre 1977, dans un groupe d'une quarantaine de personnes qui venaient rencontrer Bhagwan soit pour le saluer avant de retourner dans leur pays, soit pour devenir disciple.

À peine installé par terre devant lui, je me sens comme soulevé tellement l'énergie est intense. Tendrement il me sourit, regarde dans mes yeux. J'expérimente alors quelque chose d'inattendu. Je plonge dans le regard de cet homme, mais je n'y vois rien, rien d'autre que du vide. Tout se passe comme s'il n'y avait personne derrière ces yeux pourtant extrêmement présents. Je m'enfonce dans le vide à une vitesse vertigineuse. Après quelques secondes, s'apercevant de ce qui se passe pour moi, Bhagwan me demande de fermer les yeux et de m'abandonner à tout phénomène qui peut survenir dans mon corps. Je m'exécute. Et, pendant un moment, je deviens ce vide que je viens de voir dans ses yeux, puis j'observe, en témoin détaché, mon corps subir quelques soubresauts pendant que la respiration se fait brusque et plus profonde.

*Un merveilleux silence glisse en moi pendant quelques minutes...
Puis, sa voix d'enfant résonne dans mon cœur : « Ferme tes yeux et
imagine que tu es un pin géant bercé par la brise. »*

*Incroyable ! Je vais de surprise en surprise ! Comment connaît-il
mon intimité avec les grands pins ?*

Une douzaine de pins géants bordaient mon terrain à la
campagne. J'étais littéralement en amour avec ces arbres que je
comparais dans mes envolées poétiques à des « radars vigoureux, récepteurs d'énergie cosmique ». Il me fut donc facile de
m'identifier à l'un de mes grands amis.

*Pendant quelques secondes ou quelques minutes, impossible de le
dire, ma tête oscille dans le vent à plusieurs dizaines de mètres d'altitude. Je suis bien, en paix avec l'univers entier. Tout est silence autour
de moi. Il n'y a plus que cette brise qui murmure doucement dans mes
branches.*

*Je suis tellement « parti » que Bhagwan doit me répéter deux fois,
au moins, de « revenir » avant que je l'entende, au grand amusement
de l'audience. Dès que je récupère mes esprits, il me regarde droit dans
les yeux et commence à me parler comme s'il me connaissait depuis toujours :*

*« Oublie tout ce que tu sais, rien ne peut être connu ! Tout est mys-
térieux ! »*

*Ces paroles pénètrent profondément ma conscience et m'ouvrent la
porte sur une réalité que je connais intuitivement mais que j'ai oubliée.*

*Il me parle pendant plusieurs minutes de la nécessité de devenir
comme un petit enfant et de jeter un regard émerveillé et enjoué sur les
choses plutôt que de tout analyser. À la sortie de l'ashram, et pendant
toute la soirée, je me sens complètement ivre, euphorique. J'ai de la difficulté à marcher en ligne droite, à formuler des phrases cohérentes. Je
ris pour des riens et plus rien n'a d'importance.*

Je portai donc des vêtements orangés et un *mala* autour du
cou avec une photo à l'effigie de mon maître, mais il y avait aussi

cette petite voix intime qui disait : « Tu n'es quand même pas en prison… Tu pourras toujours te retirer si ça devient impossible. » En tout temps, je me suis donc senti libre intérieurement. Mais un lien très solide, au niveau du cœur, m'unissait à cet être qui me semblait surgir du plus profond de moi.

Tellement d'amour, de sagesse, dans sa voix ! J'étais transporté de joie. Ses paroles vibraient en moi comme une musique éternelle. L'impression d'entendre le murmure de ma propre conscience qui me révélait des connaissances cachées au fond de moi depuis la nuit des temps. Je l'écoutais avec tant d'amour et de dévotion qu'un jour je passai à un cheveu d'entrer définitivement dans la mort. La mort de quoi, je n'en sais rien… La mort ! Mon abandon était tel qu'à un moment donné, je me sentis aspiré dans un long tunnel noir dans lequel je disparaissais à une vitesse vertigineuse. Malheureusement (sans doute), une réaction instinctive de peur me ramena subito dans mon corps étendu sur le plancher du « Bouddha hall », en train d'écouter un discours enregistré. J'ai cru comprendre ce jour-là comment la dévotion à un maître peut déclencher une dissolution de l'ego. Que se serait-il passé de l'autre côté du tunnel ? La réponse se fait toujours attendre. Mais une chose m'apparaît certaine : une profonde transformation spirituelle est possible dans l'espace intime d'amour qui unit le maître et le disciple.

Plusieurs autres expériences de contact mystérieux avec mon « maître » sont survenues par la suite, pendant lesquelles il me faisait sentir sa présence pour m'encourager, ou encore me donnait des conseils télépathiquement. Ces expériences m'ont profondément marqué et me nourrissent encore aujourd'hui, vingt et quelques années plus tard.

Un ancien texte tibétain compare le maître au feu et le disciple à l'eau. Et affirme que la transformation subie par le disciple au contact intime du maître est semblable à celle de l'eau, chauffée par le feu, qui passe de l'état liquide à l'état gazeux, de l'état « matériel » à l'état « spirituel ».

Je dois à Bhagwan, devenu Osho à la fin de sa vie, l'essentiel de mon expérience spirituelle. Il a été, dans le plein sens du terme, mon « père » spirituel.

Évidemment, derrière le disciple, il y avait le personnage Claude Leclerc avec ses peurs, ses besoins d'identification, sa recherche du père idéal. Ce personnage s'est engagé quelques fois dans des perceptions erronées, s'est retrouvé à quelques reprises dans des impasses. Mais jamais le disciple n'a douté du maître, même dans les moments les plus tumultueux pour ce dernier, pour la simple raison que la récolte fut trop extraordinaire pour douter de la qualité du jardinier.

La relation avec Osho a été tellement positive qu'elle m'a permis de développer une confiance suffisante pour me détacher de lui et aller me nourrir à d'autres consciences pour « compléter ma formation » et même, finalement, pour que je décide de poursuivre seul ma route. Aujourd'hui, mon maître c'est la vie, c'est la mort. C'est l'innocence qui luit dans les yeux des enfants, l'ombre d'un nuage qui glisse sur un lac de montagne.

Mais Bhagwan restera toujours dans mon cœur, et la lumière que je porte en moi sera toujours, en grande partie, la réflexion de son soleil sur le miroir de mon âme.

Évidemment, la relation maître-disciple n'est pas toujours aussi positive. Mais elle l'est beaucoup plus souvent qu'on pense. L'image habituellement méprisante qu'en donne les médias s'explique probablement par le fait que l'exploitation se vend beaucoup mieux que l'amour. L'homme qui tue sa femme fera immédiatement les manchettes. Celui qui lui montre son affection passera pour toujours inaperçu.

Une chose importante cependant doit être dite à propos des chercheurs qui se font exploiter par des gourous douteux ou des personnalités charismatiques. La compassion envers ces personnes ne peut m'empêcher de constater que si elles se font exploiter, c'est qu'elles sont exploitables. Il est impossible qu'une personne exploitable ne soit pas exploitée. Que l'exploitation se fasse par un faux gourou, un mari, une femme ou un faux ami, ne fait pas une grande différence. Tôt ou tard, ces chercheurs devront se confronter à l'expérience pour pouvoir comprendre les raisons de leur faiblesse et s'en libérer. Le manque de lucidité, l'inconscience, ne pardonnent pas. Là où il y a inconscience, il y a souffrance. Mais aussi, là où il y a souffrance, il y a possibilité d'éveil.

Il faut comprendre aussi qu'un maître spirituel demeure un être humain. La tendance à l'idolâtrie, présente chez plusieurs disciples, et qui n'est rien d'autre qu'une abdication de la responsabilité personnelle, est à la source de beaucoup de problèmes. Le maître n'est pas plus « divin » que le disciple ; en fait, il n'est pas plus divin que le fauteuil sur lequel il est assis. Il remplit une fonction différente, c'est tout. Et cette fonction consiste à tout faire pour éveiller le disciple à la Réalité divine, connaissance qui l'affranchira éventuellement de la souffrance. Le disciple, par contre, ne possédera toujours que son intuition pour juger de la compétence du maître. Et il peut se tromper. Quelle que soit la forme qu'il prenne, le voyage spirituel restera toujours une aventure risquée.

Dans sa façon de s'exprimer, dans les conseils qu'il donne, le maître demeure tributaire de son époque et, jusqu'à un certain point, de sa culture et du cheminement personnel qui l'a conduit à sa « réalisation ». Il demeure tributaire de la personnalité extérieure à travers laquelle il s'exprime, de son niveau d'articulation mentale, etc. Ces différentes influences expliquent pourquoi, par exemple, un Krishnamurti condamne avec passion la relation maître-disciple alors qu'Osho et Adi Da en font presque une condition *sine qua non* à l'éveil. Jésus et Bouddha ont transmis des enseignements qui sont totalement contradictoires à première vue : l'un parle de Dieu le Père et l'autre affirme que Dieu n'existe pas. Pourtant, l'illumination de l'un n'est pas différente de celle de l'autre.

Il existe différents types de maîtres susceptibles d'aider différents types de chercheurs. En fait, rarissimes sont les maîtres spirituels qui ont véritablement atteint un niveau de haute « maîtrise ». La plupart du temps, il serait plus juste sans doute de parler de « guides » ou « d'éclaireurs ». De toute façon, il n'y a jamais rien d'absolu dans les enseignements ni dans la façon d'entrer en relation avec les disciples, ou les «étudiants». Il faut savoir cela et arrêter de projeter sur le gourou l'être idéal. L'être idéal relève du domaine des «idées».

Le maître n'a pas non plus la «science pédagogique» infuse. Comme tout le monde, il apprend de ses erreurs et fait certainement un meilleur travail après dix ou vingt ans d'expérience qu'à ses débuts. Osho a déjà dit qu'il ne faisait rien d'autre que des erreurs.

Mais le disciple classique ne veut pas entendre ces vérités. En faisant de son maître un «dieu», un être «parfait», il accentue l'illusion de la séparation et par conséquent son potentiel de désillusion et de souffrance.

La «mort» d'Osho

Janvier 1990. Un soir comme bien d'autres. Au lit depuis 15 minutes, je ne dors pas. Je suis épuisé mais trop préoccupé par mes problèmes de propriétaire pour m'abandonner tout de suite au sommeil. Le toit de la maison coule et les écureuils, installés dans l'entretoit, créent toutes sortes de difficultés.

Soudainement, quelque chose de très inhabituel se produit. Je sens une drôle de paix descendre sur moi, sans raison apparente. Une sorte de brise enchantée, comme une tendresse, très pure, qui vient réveiller mon cœur d'enfant...

Qu'est-ce qui se passe?

Séduit, j'ouvre les yeux. La fatigue, le besoin de dormir ont complètement disparu. J'ai plutôt l'impression de partir en vacances, tout à coup, sur les ailes d'un oiseau magique qui m'emporte dans un printemps éternel. Je reste dans cet état plusieurs minutes, une demi-heure peut-être, puis je m'endors doucement, dans une sorte d'ivresse.

Le lendemain de cette expérience très particulière, j'appris qu'Osho venait de quitter son corps!

Et je me suis rappelé. Souvent par le passé, il avait répété que, lorsqu'un Bouddha meurt, des phénomènes extraordinaires se produisent : son parfum se répand aux quatre coins de l'univers, des arbres fleurissent hors saison. Je n'avais jamais vraiment compris ce qu'il voulait dire.

Mais ce matin-là, tout est devenu limpide. Si j'avais été un arbre le soir précédent, probablement que j'aurais fleuri hors saison. L'image était poétique bien sûr mais exprimait tellement bien ce que j'avais vécu. La puissante énergie qui habitait ce corps fragile s'est répandue dans tous ses disciples comme une bouffée d'amour, une bouffée de printemps. Je l'ai reçue en plein cœur, comme bien d'autres qui me confirmeront par la suite avoir vécu une expérience semblable à la mienne.

La façon dont il est mort est extraordinaire. Mon rêve le plus cher est de pouvoir partir moi aussi, quand le moment sera venu, avec autant de grâce, de simplicité. Mais pour cela, évidemment, il faut apprendre à *vivre* avec grâce et simplicité.

Son pouls devenait de plus en plus faible, il était sur le point de mourir. Son médecin[*] lui demanda s'il devait faire venir le cardiologue pour le ressusciter. La réponse d'Osho fut très simple :

« Non, laisse-moi partir. Laisse l'existence décider du bon moment. »

Soutenu par son disciple, il fit alors le tour de ses objets personnels en prenant beaucoup de soin, à chaque fois, pour décider à qui il devait laisser tel ou tel item, demandant parfois conseil dans le doute. Il donna même, en passant, des instructions précises concernant les rénovations qu'on devait effectuer dans sa chambre, comme par exemple de changer le déshumidificateur, devenu trop bruyant. Il insista également pour qu'on garde, en tout temps, un climatiseur en bon état de marche... comme s'il partait en vacances pour le week-end.

---

[*] Ce dernier a tout raconté dans un document vidéo intitulé *I Leave You my Dream*, produit par l'ashram en janvier 1990.

À la question de savoir comment on devait disposer de son corps, il précisa qu'on devait d'abord le porter dans le hall de méditation pour que chacun puisse se recueillir, puis l'emmener immédiatement au « burning gath*», près de la rivière, pour le brûler.

« N'oubliez pas de me mettre mon chapeau et mes bas », ajouta-t-il. Depuis des années, il ne sortait jamais sans un chapeau et des bas.

Puis Osho s'étendit sur son lit. Son médecin, constatant que son pouls ralentissait de plus en plus, commença à pleurer doucement. Mais son maître l'arrêta :

« Non, non », dit-il, « c'est pas la façon ! »

Les pleurs cessèrent. Osho sourit tendrement. Son pouls devint imperceptible.

« Osho ! Je crois que ça y est ! », murmura son médecin.

En guise de réponse, Osho baissa la tête légèrement et ferma les yeux pour la dernière fois.

---

* Endroit traditionnel où les Indiens vont brûler les corps dans un feu de bois.

14

Communauté spirituelle ou secte ?

V ue d'en haut ou d'en bas, la montagne demeure la montagne, même si elle apparaît très différente. Et que dire de la même montagne vue à une distance de dix kilomètres, ou à une altitude de 10 000 mètres, à partir d'un avion ? Notre montagne peut se présenter, en fait, sous une infinité de points de vue. Et aucun n'est plus « valable » qu'un autre ! Mais si l'on ne sait pas (ou si l'on ne veut pas savoir) que toutes ces autres perceptions existent, on concluera que la sienne est la seule, sinon la seule valable, et qu'elle correspond à la « vraie » montagne.

En réalité, personne ne verra jamais la « vraie » montagne parce qu'elle n'est qu'un concept. Elle n'existe tout simplement pas. Il n'existe que des images, des perceptions. Quelqu'un peut se lever et nous montrer la vraie montagne ?

Il en est de même pour tout le reste. Ce que nous appelons habituellement la réalité, qu'elle soit physique, psychologique ou autre, n'est rien d'autre qu'une projection de nos propres perceptions.

Il en va de même évidemment du voyage spirituel. Autant de perceptions qu'il y a de personnalités, qu'il y a de chercheurs. Autant de façons de voir la vie ou de vivre l'aventure.

L'esprit sectaire trouve son origine dans une incapacité de percevoir la relativité de son propre point de vue sur la réalité. Il n'est qu'une extension en fait de la rigidité d'esprit dont malheureusement un très grand nombre d'entre nous sommes affublés. Cette rigidité, à son tour, repose sur une profonde insécurité.

Comment vivre en effet sans un cadre de référence absolu, sans quelque chose de solide sous nos pieds ? Comment vivre en sachant que toutes nos perceptions, nos opinions, ne sont « que des perceptions, que des opinions » ? Comment vivre en sachant qu'il n'y a pas de *vraie* montagne ?

C'est pourtant une des premières vérités que doit confronter le chercheur sincère. L'aventure spirituelle est un voyage initiatique au cœur de vérités comme celle-là qui peuvent être très déstabilisantes et qu'on ne peut assimiler, « réaliser » que progressivement. La plupart des groupes, qu'ils soient spirituels ou non, ont tendance à se définir par opposition à d'autres groupes pour se donner une identité, une solidité, une sécurité. Évidemment, tous ne sont pas pour autant à mettre dans le même sac. On peut observer plusieurs niveaux de rigidité, de « sectarisme » d'un groupe à l'autre ; plusieurs degrés aussi de souplesse, d'ouverture.

La vie spirituelle *est faite d'ouverture*, de décloisonnements, d'air frais, de mouvement, et ne peut être qu'incompatible avec l'esprit sectaire, le symbole même de la fermeture et de l'intolérance. Au sens propre, une secte est composée d'un ensemble d'individus qui croient être les seuls à détenir la vérité. Ces personnes sont évidemment dans une impasse. Elles se sont coupées du reste de la création et ne pourront qu'en souffrir à moyen ou à long terme.

Aucun maître spirituel véritable ne peut être sectaire. Pendant des années, Osho s'est réincarné successivement en maître soufi, zen, taoïste, bouddhiste, tantrique, etc. Il a redonné vie aux enseignements de Jésus, Mahavir, Socrate, de Gurdjieff et de la plupart des grands « réalisés » de l'histoire de l'humanité. Il considérait son contemporain Krishnamurti, même s'il n'était pas d'accord avec sa façon d'enseigner, comme son égal en terme d'illumination spirituelle.

Les organisations, par contre, qui entourent les maîtres spirituels ne sont pas souvent à la hauteur de l'inspiration qui les anime. La plupart des groupes, encore une fois, ont tendance à la « normalisation » des comportements et des perceptions. Et la normalisation est l'antichambre du sectarisme.

Les dirigeants de ces organisations ne sont souvent pas plus éclairés que les personnes qu'ils dirigent et succombent parfois à la tentation d'abuser de la confiance qu'ont les disciples en leur maître. C'est ce qui s'est produit de façon grave avec Sheela, l'ex-secrétaire de Bhagwan qui est allée jusqu'à la tentative de meurtre pour garder le contrôle despotique qu'elle exerçait sur la communauté. Ici, autoritarisme et sectarisme allaient de pair, comme c'est souvent le cas.

Les choses ne vont pas toujours aussi loin mais je n'ai pas encore rencontré un seul groupe, qu'il soit spirituel ou non, qui admet vraiment la différence. La rectitude politique qui fait rage actuellement dans nos sociétés occidentales n'est qu'une autre forme de sectarisme dont même le groupe d'Osho n'a pas été épargné. Très rarement, sinon jamais, ai-je senti que l'organisation qui entourait Bhagwan acceptait la différence, que ce soit la mienne ou celle de quiconque. J'ai eu, en général, d'excellentes relations avec la plupart des autres disciples, pris individuellement, mais avec la « hiérarchie », les rapports ont toujours été plus difficiles. Dès que je disais ou faisais quelque chose qui n'était pas dans la « ligne du parti », je sentais immédiatement les fesses se resserrer autour de moi et les esprits se rétrécir.

Malgré tout, j'ai certainement retiré beaucoup de mon association avec le mouvement Rajneesh. J'y ai vécu des expériences extraordinaires qui jamais n'auraient été possibles sans l'énergie du groupe. Et même Sheela, la dirigeante qui a certainement abusé le plus de la confiance des disciples, a permis à plusieurs d'entre nous de vivre l'épisode « Rajneeshpuram » qui restera pour toujours quelque chose d'unique et de merveilleux. Très rarement, dans l'histoire, des hommes et des femmes auront été aussi loin dans l'exploration de nouveaux modes de vie et de pensée.

Construite en un temps record en plein millieu du désert de l'Oregon, Rajneeshpuram (Place de Rajneesh) était, jusqu'à son effondrement en 1985, une communauté abritant plusieurs milliers de résidents. J'y ai séjourné plusieurs mois au printemps 1984 pour étudier le massage et différentes techniques corporelles à l'Université Rajneesh, une institution internationale animée par plusieurs des meilleurs thérapeutes au monde. Une formation qui a transformé de façon importante ma façon d'être en relation avec moi-même et les autres.

Plusieurs milliers de personnes y travaillaient 12 à 14 heures par jour à transformer un immense territoire stérile (quelques dizaines de kilomètres carrés) en quelque chose de jamais vu. Deux ans et demi à peine avant mon arrivée, il n'y avait là qu'une vieille maison de ferme abandonnée, entourée de quelques centaines de genévriers. Chaque été, l'endroit se transformait en un colossal nuage de poussière ; chaque hiver, en une gigantesque mer de boue. Il y avait maintenant une ville dûment enregistrée au gouvernement de l'Oregon, avec ses routes pavées, son système d'autobus (le deuxième en importance dans l'État), son centre d'achat, sa discothèque, ses centaines de *townhouses* et même son casino. En plus évidemment de l'université avec ses dizaines de cours et de formations de toutes sortes, pour la plupart très recherchés.

La ville possédait sa propre machinerie lourde pour la confection et l'entretien des routes et des ponts. On fabriquait même le concassé. Plusieurs garages municipaux étaient affectés à la réparation de ces véhicules lourds ainsi que des centaines d'autobus, de camions et d'automobiles mis à la disposition des résidents. À une extrémité du territoire se trouvait une immense ferme biologique qui répondait pratiquement à tous les besoins de la communauté en légumes, œufs, et produits laitiers. À l'autre extrémité : un lac de 25 acres, là où il n'y avait auparavant qu'un mince filet d'eau louvoyant péniblement entre les collines asséchées.

L'eau y était d'une pureté absolue et, l'été, aux heures de repos, on y retrouvait des centaines de disciples qui faisaient la baignade à partir de l'immense quai de bois à deux étages qui s'avançait profondément dans le lac. D'autres s'adonnaient à la voile ou la planche à voile. Cette immense étendue d'eau, en augmentant le niveau d'humidité, avait complètement transformé l'écosystème de la région en favorisant l'éclosion d'une flore toute nouvelle qui, à son tour, attirait des centaines d'oiseaux et d'animaux qui l'avaient quittée depuis longtemps.

J'étais ébloui par la quantité et la qualité des projets exécutés en si peu de temps par ces milliers de mains et de cœurs bénévoles au service de Bhagwan et de son rêve de communauté « idéale ». Par exemple, aucune goutte d'eau n'était perdue. Toutes les eaux usées étaient acheminées vers les trois bassins de filtration qui redonnaient au précieux liquide sa pureté originale. 70 % des déchets étaient recyclés. L'immense amphithéâtre, capable de contenir 20 000 personnes, était également impressionnant avec son plancher de marbre à pleine grandeur.

Autre particularité étonnante : la communauté était presque entièrement dirigée par des femmes. La directrice générale, ses assistantes et presque tous les chefs de services étaient des femmes. Cette caractéristique à elle seule était suffisante pour faire de Rajneeshpuram une ville hors du commun. Malheureusement, l'expérience a prouvé que les femmes ne sont pas plus compétentes que les hommes à ne pas abuser du pouvoir.

Bhagwan ne s'occupait pas du fonctionnement opérationnel de la communauté. Ce fut peut-être là son erreur. Mais qui peut savoir ce qui s'est vraiment passé ? Toujours est-il qu'un beau matin, dans un discours, il dénonça les agissements de Sheela, sa secrétaire et « femme de confiance ». Il dénonça le « régime fasciste » qu'elle avait instauré au ranch, le traitement inhumain qu'elle faisait subir aux résidents en les obligeant à travailler 14-15 heures par jour dans des conditions très dures. Il dénonça l'atmosphère de terreur qu'elle et sa « clique d'assistantes » faisaient régner dans la communauté.

Sheela s'est alors enfuie du ranch avec quelques « amies » et plusieurs millions de dollars, qu'elle serait allée cacher en Suisse. Toute la communauté était littéralement assommée. Plusieurs réalisaient subitement la gravité de la situation et commençaient à voir d'un autre œil la vie menée au ranch auparavant. L'atmosphère générale devenait de plus en plus tendue. Des dizaines de journalistes affluaient des quatre coins du monde.

Bhagwan révélait des choses de plus en plus troublantes. On apprit que sa chambre était truffée de microphones clandestins installés par les complices de Sheela. Et même qu'une tentative de meurtre avait été perpétrée contre son médecin personnel. Un mandat d'arrestation international fut émis contre Sheela.

La communauté se trouva de plus en plus désorganisée. Les médias s'emparèrent de la situation et diffusèrent des « informations » hallucinantes sur Bhagwan et ses disciples. La réalité était tellement déformée que jamais plus, il me semblait, je ne pourrais croire un journaliste.

Tous ces bouleversements affectaient plusieurs disciples qui allaient jusqu'à questionner l'intégrité de Bhagwan. Plusieurs prenaient leurs distances ou faisaient défection carrément. Quant à moi, ma confiance n'était pas ébranlée. Contrairement à la majorité des disciples, j'avais toujours fait une distinction fondamentale entre Bhagwan et l'organisation qui l'entourait. Ma relation avait toujours été et ne serait toujours qu'avec lui. Je savais *par expérience* toute la lumière, l'amour, la compréhension profonde de la réalité que cet homme avait apporté dans ma vie. Cela, jamais personne ne pourrait me l'enlever, même pas lui-même. Cette richesse était mienne maintenant.

Une saga judiciaire incroyable s'ensuivit, qui aboutit finalement au départ de Bhagwan des États-Unis et au démantèlement de la plupart des communautés Rajneesh dans le monde. Mais ce ne fut que partie remise puisque des milliers d'inconditionnels se regroupèrent autour de lui de retour à Poona, en Inde, où la communauté fleurit toujours et demeure encore à ce jour un des principaux centres de ressourcement spirituel dans le monde. Comme moi, ces gens n'ont vu dans ces événements qu'un autre bouleversement profond, plein d'enseignements, comme il s'en était produit plusieurs autour de Bhagwan au cours des années précédentes.

J'y suis retourné en 1989, quelques semaines à peine avant que Bhagwan, alors devenu Osho, quitte son corps, pour constater encore une fois aussi bien l'extrême vitalité du groupe que la richesse et la profondeur des expériences qu'on peut y vivre. Pour constater aussi la rigidité des structures de l'organisation et l'esprit autoritaire de certaines figures dirigeantes, des êtres humains comme vous et moi qui font leur possible, c'est-à-dire qui font autant d'erreurs qu'on peut en faire quand on est en recherche.

Pour ma part, j'ai été plus affecté par la folie des journalistes et le manque de profondeur de plusieurs disciples que par les événements eux-mêmes. Parfois, j'éprouve même de la compassion pour cette femme, Sheela, douée d'une énergie extraordinaire, qui n'a fait que trébucher, comme je le fais moi-même plusieurs fois par jour, sur la voie tortueuse vers la pleine réalisation du Soi.

Les chercheurs spirituels sont les nouveaux explorateurs de l'ère moderne. Leur courage n'a souvent d'égal que leur manque d'expérience. Mais je saluerai toujours bien haut l'intrépidité de ces gens qui osent sortir des sentiers battus pour plonger dans l'inconnu à la recherche de solutions à l'angoisse galopante qui étouffe de plus en plus la planète. Leurs détracteurs n'ont souvent pas la moitié du quart de leur courage et de leur détermination à trouver un sens à la vie qui soit autre qu'économique ou productif.

Toujours prêts à ridiculiser tout ce qui ne bouge pas dans leur direction, toujours prêts à s'indigner, les bien-pensants médiatisés font bien triste figure quand vient le temps de rapporter les activités de ces groupes et tombent régulièrement eux-mêmes dans le sectarisme de l'idéologie dominante qui n'admet pas (ou si peu) la déviance. Fascinés par la morbidité, ils font leur festin des suicides collectifs et autres manifestations pathologiques et ne soulignent à peu près jamais le travail extraordinaire qui se fait dans plusieurs de ces organisations et qui contribue de façon essentielle au réveil spirituel *nécessaire* de l'humanité. Parallèlement, ils font rarement ressortir le côté sectaire et rigide des grandes religions qui maintiennent une bonne partie de la planète dans un infantilisme hasardeux en leur servant une spiritualité « prête à porter » truffée de dogmes et de croyances.

Évidemment, certaines sectes sont dangereuses. Les explorateurs de tous les temps ont toujours eu à traverser des territoires périlleux. L'exploration de terres inconnues comporte toujours un certain niveau de risque. Mais que dire de l'humanité en général qui, à cause de sa pauvreté spirituelle, se dirige tout droit vers l'autodestruction, sur une trajectoire descendante qui s'accélère un peu plus chaque jour ? Qui court le plus grand risque ? L'aveugle qui se laisse mener par d'autres aveugles ? Ou le chercheur qui explore à tâtons d'autres sentiers que ceux foulés par ses contemporains, sentiers qui les ont conduits dans l'impasse actuelle ? Je préfère pour ma part les gens qui prennent des risques dans l'expérimentation à ceux qui foncent, accrochés à leur passé, à leur fausse sécurité, vers le destin apocalyptique qu'ils génèrent eux-mêmes en refusant obstinément de réaliser qu'ils ne sont pas les maîtres de la planète. Le plus grand danger de suicide collectif n'est peut-être pas du côté que l'on pense.

15

L'illumination ?

De la même façon que le jeune enfant croit au Père Noël et qu'il rêve du jour où le bonhomme à barbe blanche viendra avec ses lutins et sa Fée des Étoiles le transporter dans un monde magique, le néophyte sur la voie spirituelle croit à l'illumination et rêve du jour où, soudainement, toute souffrance disparaîtra et où il sera enfin plongé dans le nirvana, une sorte de ciel mais sans les complications administratives du ciel chrétien, avec saint Pierre, les archanges et tout le patriclan.

L'illumination, dans le sens d'une libération finale définitive, est une croyance et toute croyance est un obstacle sur le chemin de l'éveil. D'abord parce qu'elle garde le chercheur emprisonné dans son mental – une croyance est une pensée – et aussi parce qu'elle le projette dans le futur. Faut travailler dur pour gagner son ciel, pour ainsi dire. Faut méditer fort pour un jour espérer la libération. Entrer dans le présent de toutes ses forces pour être sauvé « dans le futur »!? L'espoir est le pire ennemi du chercheur.

On peut même croire être arrivé, être illuminé ! Plusieurs y croient. J'y ai cru moi-même à quelques reprises. Je me souviens de mon premier retour à l'ashram de Poona, après un court séjour au Québec. À mon insu, j'avais développé un « ego spirituel » important. Plusieurs expériences vécues l'année précédente m'étaient « montées à la tête ». Aussi, c'est sans humilité aucune et avec la prestance d'un homme d'affaires prospère que je me présentai devant Bhagwan lors de mon arrivée. Je me sentais pratiquement illuminé et donc son égal. Dans mon égarement, j'avais même l'impression de lui faire une faveur en revenant ainsi « contribuer à son travail ». Je ne comprenais pas les regards ahuris de son garde du corps et de sa secrétaire quand ils m'ont vu m'approcher. Ce n'est qu'après m'être installé lentement et avec assurance devant mon maître que j'ai vu dans son regard pénétrant, étonné et colérique, toute l'ampleur de ma bêtise. Une douleur insondable s'empara alors de ma poitrine. J'ai baissé la tête rapidement. Je venais d'entrer en plein vol dans un mur de brique que je n'avais pas vu venir. L'ego venait d'entrer en collision avec la Conscience. Bhagwan, constatant ma compréhension, voyant ma détresse, me demanda alors simplement avec une chaleur et un amour extraordinaire : « Combien de temps prévois-tu rester ? » Je répondis dans un mélange de honte, d'amour et de douce reconnaissance : « Aussi longtemps que nécessaire ! »

« Quand vous commencez à penser que vous faites du bon travail, que vous êtes dans la bonne voie, que tout est sous contrôle », nous dit Bartholomew, « c'est le temps de réaliser que quelque chose ne va vraiment pas[*]. »

Le piège est toujours présent. À chaque fois que j'y suis tombé, une longue période de souffrance s'en est suivie. Un jour, j'ai même cru en avoir terminé avec la souffrance. Rien, me semblait-il, ne pourrait plus m'empêcher d'avoir accès à la joie profonde. Je pourrais enfin aller me reposer à volonté sur les berges de mon lac intérieur enchanté et me la couler douce jusqu'à la fin des temps si je voulais. Les années qui suivirent furent parmi les plus douloureuses de toute ma vie. Le voyage spirituel ne peut conduire nulle part ailleurs qu'ici et maintenant. Rien à espérer dans le futur. L'éveil dépend de la mesure dans laquelle nous avons abandonné l'espoir d'arriver quelque part. L'enfant qui grandit s'éveille progressivement au monde qui l'entoure ; le méditant, le chercheur, s'ouvre graduellement à la Réalité qui porte chaque instant qui passe, à sa propre réalité. Dans les deux cas, le développement se produit

---

[*] *I Come As a Brother*, Taos, NM, High Mesa Press, 1986, p.63.

par une série d'intuitions préparées par des périodes d'effort et suivies par des périodes d'intégration. Le développement de l'intelligence rationnelle permet de comprendre l'organisation du monde matériel; le développement de l'intelligence spirituelle permet de se dépouiller progressivement de toutes conceptions, croyances, identités, et de découvrir La Source dont nous sommes tous issus. Le processus d'éveil n'a rien à voir avec l'accumulation de connaissances.

« Rien ne peut être connu », disait Bhagwan pendant mon initiation. « Tout est mystérieux! »

Il est possible de vivre ce mystère cependant, d'expérimenter son essence. C'est le privilège du mystique qui, à force de plonger dans le présent, en arrive à découvrir quelques secrets qui révolutionnent son approche de la vie, de la mort. Dans sa prière, il fait l'amour au Mystère et y découvre l'Amour. Il prend contact avec l'infini, rencontre sa nature divine et la nature divine de toute chose.

Exprimer par des mots une réalité intérieure aussi intime est une absurdité en soi. « Le Tao qui peut se dire n'est pas le vrai Tao », disait Lao Tseu. Cela ne l'a pas empêché d'écrire un des plus grands livres de l'histoire de la conscience humaine[*].

Aucune expérience ne se communique vraiment. Mais, en même temps, il est impossible de ne pas la communiquer. Paradoxe au cœur de toute vie, à la source de toute créativité. Toutes les formes de langage et d'art sont des tentatives d'énoncer l'impossible. Toutes les formes de vie, les « mille et une choses » de l'univers, sont des efforts, répétés à l'infini, d'expression du Grand Mystère Divin. Est-ce que le cosmos est infini parce que l'entreprise est impossible? Ou est-ce que l'entreprise est impossible parce que le mystère est infini?

Alors que j'avais 18 ans, au collège, le prof de sciences religieuses nous avait demandé d'écrire un texte sur notre conception de Dieu. J'étais fraîchement athée à l'époque et très fier

---

[*] *Le Tao Te King*, Paris, Gallimard.

de l'être. Dans une sorte de bravade, j'avais pondu un manuscrit étonnant dans lequel j'expliquais pourquoi, à mon avis, les gens croyaient en Dieu, dans l'espoir évidemment de justifier mon athéisme.

L'argumentation, très simple, était celle-ci :

J'invitais le lecteur à penser à une chaise. Puis, je lui demandais de penser qu'il pense à une chaise. Puis, de penser qu'il pense qu'il pense à une chaise. Et ainsi de suite. Très vite, disais-je, le penseur perdra pied et se retrouvera dans une sorte de vide angoissant. Chaque être humain, continuais-je, est confronté à ce vide dès qu'il entre à l'intérieur de lui-même. Je concluais en affirmant que, pour se sécuriser, le penseur moyen (le croyant) inventait une fin au processus, inventait un fond au vide, un absolu qu'il nommait Dieu. L'idée de se perdre dans une sorte d'infini, ne serait-ce qu'en imagination, étant trop insupportable.

À mon grand étonnement, j'obtins une excellente note pour ce travail. J'étais fier de voir qu'on reconnaissait la valeur de mon argumentation. Mais en me relisant, je ressentis un profond malaise qui me déstabilisa pendant quelques minutes. Tout d'un coup, tout a basculé. Une brèche venait de s'ouvrir dans ma conscience pendant que cette petite voix, minuscule mais très claire, murmurait : « Tu viens de te montrer l'existence de Dieu. »

Je n'avais que faire de ce Dieu psychopathe et vengeur dont on m'avait gavé dans les écoles et les églises de mon enfance, mais quelque chose d'important s'était passé. Une première ouverture, intuition. Un premier éveil. Je venais de contacter consciemment l'Infini que je nommai bientôt « Le Sacré » et qui continua de m'habiter, de transformer, à mon insu, ma perception de la réalité. Officiellement, je demeurais athée mais je *sentais* désormais qu'il y avait « autre chose ».

Ce n'est qu'une dizaine d'années plus tard, quand je commençai à consommer des drogues et que je devins membre de l'Ordre Rosicrucien, que je repris contact consciemment avec cet « autre chose ». Quand j'ai réalisé que la méditation me conduisait au même jardin secret que je visitais sous l'effet des drogues, de grandes portes se sont ouvertes et la vie n'a plus jamais été la même par la suite. Un jour, autour de la trentaine, une autre expérience cruciale me permit de constater mon *intime appartenance* au Grand Tout Cosmique.

C'était vers la fin de ma période *peace and love*. La vie communautaire agonisait. J'avais quitté mon poste de professeur à l'université et m'étais plongé dans une recherche intérieure intensive.

Au cours d'une lecture, une déclaration de Houeï-Nêng, un des fondateurs du Zen, me frappa particulièrement : « Le vide constitue notre vraie nature*. » Quelque chose me fascinait dans cette affirmation, même si je n'arrivais pas à y trouver aucun sens. Je décidai d'explorer par mes propres moyens. Je fis d'abord le vide psychologique et affectif en m'isolant dans la forêt, puis dans mon corps, en pratiquant un jeûne total. Enfin, par la méditation, j'espérais atteindre le vide au niveau mental.

Avec pour tout bagage un sac de couchage, une bouteille d'eau et mon livre, je m'installai au fond de ma terre, dans une cabane, près du petit lac. Du lever du soleil à son coucher, je méditais, assis inconfortablement sur une chaise rudimentaire, ne m'arrêtant que pour lire quelques extraits de Houeï-Nêng ou pour sortir dehors un peu contempler la nature. L'isolement me pesait par moments et le jeûne me causait de légers maux de tête. Mais, avec persévérance, encore et encore, je replongeais dans le silence du présent.

Après deux jours d'intense méditation, je n'arrivais toujours pas à expérimenter ce vide dont parle le sixième patriarche zen. Malgré tous mes efforts pour « regarder dans ma propre nature », comme il le suggérait, je ne voyais rien d'autre qu'un flot de sensations et de pensées plus ou moins familières et… une frustration de plus en plus grande.

---

* *Discours et sermons de Houeï-Nêng, sixième patriarche zen*, Paris, Albin Michel, 1963.

Le troisième jour, au coucher du soleil, une porte s'ouvrit. Soudainement, j'eus la nette impression que ce flot de sensations et de pensées que je ressentais comme moi-même n'était qu'à la surface de mon être, qu'il y avait autre chose derrière que j'éprouvais comme un espace, un espace vide. J'étais à la fois ravi et confus. Machinalement, je posai mon regard sur le lac en face de moi et, à ma grande surprise, je « ressentis » le lac de la même façon, comme s'il n'était qu'une image sensorielle de surface avec en dessous autre chose de plus profond, de beaucoup plus « substantiel » : ce même espace vide que je contactais au fond de moi. Une grande joie traversa mon corps comme une vague. Oui ! Il y avait bien une réalité plus subtile, plus « réelle » derrière cet ensemble de sensations visuelles que je nommais « le lac », derrière cet ensemble de sensations « psycho-physiques » que je nommais « moi » ! Et cette réalité plus subtile était *la même dans les deux cas* !

Pour la première fois de ma vie, j'avais une expérience concrète de ce dont tous les maîtres spirituels parlent depuis toujours : l'unité intrinsèque de toutes choses.

De retour à la maison, la recherche intensive à laquelle je m'étais soumis continua de produire des fruits. Quelques jours plus tard, en essuyant la vaisselle, une intuition « complémentaire » vint me surprendre. Je réalisai soudainement que ma conscience et ma pensée sont deux choses différentes !

Une grande excitation s'empara de moi :

« Oui !... Les pensées "traversent" ma conscience, ce n'est pas moi qui les pense. Oui !... Mon "être" est beaucoup plus lié à ma conscience qu'à ma pensée ! »

Et du même coup je réalisais que cet espace vide expérimenté quelques jours auparavant était ma conscience. Mais comment « ma » conscience pouvait-elle aussi être « derrière » le lac ? À moins que ce ne fut pas « ma » conscience mais « La Conscience » !

Quelques mois plus tard, lorsque j'ai quitté ma campagne pour l'Inde, j'étais un autre homme. Je *savais* que l'Infini habitait en moi, que derrière chaque objet que je percevais, comme derrière chaque être vivant, se cachait la même Énergie, la même Conscience que je contactais au fond de moi pendant mes méditations.

Je réalisais tout cela, mais je conservais mon identité « séparée ». Une identité très transformée, mais une identité quand même. Claude Leclerc était en relation intime avec le Cosmos mais son intégrité était préservée.

Quelques jours après mon arrivée à Poona, en 1977, tout a volé en éclats. Quelques secondes ont suffi pour déclencher une révolution encore plus importante. Le temps d'un clin d'œil, l'entité Claude Leclerc a totalement disparu. Même plus une trace de son souvenir. À la place, la Réalité est apparue : le Cosmos Conscient et Mystérieux.

L'événement se produisit quelques jours seulement après mon initiation par Bhagwan, durant une méditation intensive de groupe sur le thème « Qui suis-je ? ». Les participants étaient groupés deux par deux, assis l'un en face de l'autre et jouaient, alternativement par périodes de cinq minutes, le rôle d'écoutant et de répondant. La question, toujours la même : « Qui es-tu ? » Chacun devait répondre ou écouter avec la plus grande concentration et la plus grande honnêteté possible. Et tout ça, du lever au coucher, 18 heures par jour. Toutes les demi-heures environ, nous étions couplés avec une nouvelle personne.

Encore sous le choc de ma rencontre mystérieuse avec « mon maître », j'étais très motivé. Malgré tout, l'exercice m'était très pénible. Les premières heures ressemblaient plus, pour moi, à une séance de torture mentale qu'à une méditation. Une fois déclinés mes noms, âge, profession, complété le tour de mes obsessions sexuelles, je n'avais plus rien à dire. Mais l'exercice ne faisait que commencer ! Après une heure seulement de « méditation », j'étais possédé par une envie folle de m'enfuir. Je ne pouvais plus supporter cette question : « Qui es-tu ? »

Mais je restai. Pour exprimer leur frustration, plusieurs personnes se mettaient à crier. J'avais envie de vomir. Mais toujours, il y avait ces yeux tendres et attentifs en face de moi qui me demandaient encore et encore : « Qui es-tu ? »

À mesure que le temps passait, je me rendais compte jusqu'à quel point mon identité ne tenait pas à grand-chose. Je ne savais plus rien. Je ne savais plus qui j'étais. D'ailleurs l'avais-je jamais su ?

« Tiens ! Je suis un éléphant rose qui vient de pisser dans sa couche. Je suis un idiot assis en face d'un autre idiot qui répond idiotement à une question idiote. » J'étais pris par moments d'un rire nerveux qui durait plusieurs minutes.

Quel soulagement quand la cloche sonnait et que je me retrouvais « écoutant » à mon tour. Je pouvais alors observer toute la gamme des émotions s'emparer de mon partenaire du moment. Parfois, l'atmosphère dans la salle devenait intenable. Plusieurs personnes criaient en même temps. D'autres pleuraient. À la fin de la première journée, nous étions tous épuisés.

Mais le sommeil ne venait pas facilement. Mon esprit était surexcité et j'avais des étourdissements à la simple pensée qu'il me restait encore deux jours à vivre ce cauchemar.

Le lendemain matin, lever à 4 h 45. Comme déjeuner, une banane avec une tisane. Je me retrouvai en face d'une jolie Australienne. Elle me regardait droit dans les yeux : « Dis-moi qui tu es ! » Pour la troisième fois depuis la veille, je répétai : « Je suis un angoissé qui a peur d'avoir un pénis trop petit. »

Les minutes passaient comme des heures. L'angoisse alternait avec l'euphorie puis l'ennui. Désespérément, je me cramponnais à la consigne d'exprimer tout ce qui se présentait à mon esprit dans le moment présent.

Tout à coup, au début de l'après-midi, pendant une seconde, ou peut-être deux, l'impossible se produisit. Je ne m'y attendais pas et ne saisis pas vraiment non plus l'ampleur de ce qui m'arrivait. En fait, j'eus très peur. Comme si je venais de voir quelque chose de très défendu que je n'aurais pas dû voir. Je n'en parlai même pas à cette personne assise devant moi à qui pourtant je disais tout depuis deux jours. J'essayais tant bien que mal de poursuivre mon discours comme si de rien n'était. Mais il m'était très difficile de rester concentré. Mon cœur palpitait, mon esprit s'embrouillait, je me sentais flotter. Ce ne fut que plusieurs mois et même quelques années plus tard que je réalisai pleinement toute l'importance de « l'événement ». Sur le coup, j'étais trop secoué pour pouvoir l'absorber.

Voici ce qui s'est passé : à force de vider mon mental de son contenu à mesure qu'il se présentait, celui-ci a cessé de fonctionner pendant un temps très court et j'eus accès à autre chose, une autre réalité. En fait, j'eus accès à LA RÉALITÉ. Pendant quelques secondes, le temps d'un éclair, j'ai cessé d'exister. Le « je », à qui je réfère habituellement quand je parle, a totalement cessé d'exister. Et avec lui, tout ce que j'ai toujours connu comme étant « moi », mon identité. Plus personne ! Plus d'ego ! Rien à quoi me référer à la première personne. Et à la place... le Cosmos ! Non pas le cosmos matériel dont parlent les physiciens mais le cosmos profond, derrière la matière, en fait « sous » la matière : la Conscience, le Mental Cosmique Impersonnel.

L'évidence s'imposait de façon absolue : la nature profonde de toute chose est MENTALE, IMPERSONNELLE et COSMIQUE !

Rien n'est solide, « matériel ».

La pièce où je me trouvais et tous les objets et les gens n'étaient que des images projetées de cette Conscience, de ce Mental Cosmique. La Réalité était un « Il » ou encore mieux, un « ÇA ». Pendant quelques secondes, le « je » a fait place à « CELA », cette Conscience dont j'avais nettement senti la présence lors de mon trois jours en forêt. Je me rendis compte, en fait, que « je » n'était qu'une pensée qui masquait « CELA », toujours présent derrière. La réalité « matérielle » était à la surface de l'océan de Conscience Cosmique. L'être profond de l'entité Claude Leclerc était cet océan. Un océan de mystère. Un Océan Sacré. Un Océan Divin.

L'expérience fut vécue comme un réveil brutal et instantané, accompagné de la compréhension immédiate que notre réalité de tous les jours n'est qu'un mirage. Un peu comme si, en plein milieu d'un rêve, je m'étais réveillé brusquement pendant quelques secondes, juste le temps de constater l'irréalité de ce que j'étais en train de vivre, et que j'avais gardé le souvenir de ce réveil une fois retourné dans mon rêve.

Pendant plusieurs minutes par la suite, je sentis mon esprit comme suspendu en l'air et les mots sortaient de ma bouche sans que je sois vraiment présent. Je restais accroché à ce qui venait de se passer. Je restais ébranlé et faisais tout pour que rien ne paraisse. En fait, je venais de découvrir un secret qui me faisait trop peur pour pouvoir l'absorber d'un seul coup. Trop d'énergie à contenir pour un petit Québécois qui ne s'était pas encore remis du tremblement de cœur qui venait tout juste de marquer son arrivée à l'ashram. Je n'étais pas préparé à tout ce qui m'arrivait. Mon système avait besoin d'un temps d'assimilation. Pendant plusieurs mois, j'ai conservé cette expérience comme un secret vis-à-vis des autres mais aussi de moi-même. Par contre, l'impact sur ma perception de la réalité est demeuré entier.

Pendant plusieurs années, j'ai cru être arrivé quelque part. Jusqu'au jour où j'ai réalisé que mon quotidien avait été très peu transformé par cet épisode. J'étais toujours le même idiot qu'avant, toujours prêt à m'identifier à la moindre émotion. Toujours prêt à « oublier ». Bien sûr, je savais « quelque part » que ce « je » que j'utilise des centaines de fois par jour n'est qu'un écran de fumée, que derrière tout ce bazar que j'appelle ma vie, il n'y a qu'un vide infini. Mais ce n'était que dans l'effort répété pour revenir à l'instant présent que je pouvais me rappeler. L'intégration ne se faisait que très progressivement, au fil des joies et douleurs du quotidien, à travers une pratique assidue.

Plus tard, d'autres éveils se sont ajoutés, quoique moins profonds. Bien sûr, ma compréhension aujourd'hui n'a rien à voir avec ce qu'elle était il y a 20 ans. Ma façon d'aborder la vie a été transformée profondément. Le cœur s'est ouvert lentement. Beaucoup de souffrance a produit un peu de compassion. Mais

l'ego continue toujours son petit numéro. La principale différence, c'est le recul que je me donne par rapport à tout ce
spectacle et la vitesse avec laquelle l'attention revient au présent. L'éveil véritable n'est que ce remplacement progressif de
l'ego (l'identification avec les pensées) par la Présence.

Mais toujours, dès qu'un niveau d'intégration est atteint, la
vie nous remet en face d'une situation plus difficile qui nous
force à nous agripper à la pratique, à la vigilance, avec une
vigueur renouvelée. Comme Sisyphe, nous devons recommencer éternellement à faire rouler notre pierre jusqu'au sommet
de la montagne, simplement pour la voir dégringoler encore et
encore. Et il est bien qu'il en soit ainsi. Ce n'est un problème
que si la pensée s'en mêle.

Aujourd'hui, j'ai la conviction profonde que, quel que soit
le niveau d'éveil, tout *doit* toujours recommencer. Le Mystère
ira toujours s'approfondissant. Le voyage ne peut être qu'infini
puisque l'univers est infini. La fin du voyage signifierait la fin
du mouvement, donc de la vie ! Il y aura toujours d'autres sommets, d'autres vallées, d'autres danses, d'autres embardées,
d'autres éclairs de conscience. Comme nous le dit si bien Jack
Kornfield[*], notre cœur est comme une fleur qui s'ouvre et se
ferme sans arrêt. Les périodes d'éveil sont invariablement suivies par des épisodes de peur et de contraction.

L'illumination, comme la vie, ne sera jamais un point d'arrivée. On ne voyage pas pour arriver quelque part mais pour le
plaisir de voyager. Dans ce monde-ci ou dans un autre, dans la
matière ou dans l'esprit, l'expérience se transformera éternellement et réussira toujours à nous fasciner, à nous faire oublier.
Et toujours il faudra se rappeler que nous ne sommes vraiment
que le Témoin Impersonnel de tout cela. Se rappeler que cet
univers de sensations, de perceptions, de pensées, d'émotions,
grossières ou subtiles, constituent notre Corps à tous, mais non
notre Âme. Se rappeler qu'aucun état ne peut être permanent.
Pour que le voyage se poursuive, il faudra toujours revenir,

---

[*] *After the Ecstasy, the Laundry*, New York, Bantam Books, 2000.

encore et encore, à l'innocence de l'enfant, à l'esprit du débutant. Comme dit Shunryu Suzuki : « Dans l'esprit du débutant, il y a plusieurs possibilités, mais dans celui de l'expert il y en a peu[*]. »

Au commencement était le vide,
mais il n'y a pas eu de commencement.

Et le vide s'est fait univers,
mais il n'y a pas de temps.

Le cosmos infini... une seule conscience.
Nous sommes le rêve du mystère,
le mystère du rêve,
plus profond que la nuit,
plus secret que l'oubli.

MÉDITATION SUR LA NATURE DU MONDE MATÉRIEL

L'arbre qui tombe seul dans la forêt sans qu'il y ait une oreille pour l'entendre, pas même celle d'un animal, fait-il du bruit ?

La réponse à cette question est négative. Il n'existe pas de son « objectif », indépendant de l'oreille. Le son est la réaction des récepteurs auditifs à la stimulation qui lui parvient.

Mais alors, quelle est cette stimulation ? Une pure énergie ? A-t-elle une forme ? Et si oui, laquelle ? Jusqu'à quel point le son est-il « créé » par l'oreille ?

Et si c'est le cas pour l'ouïe, c'est nécessairement la même chose pour tous les autres sens ! Le monde matériel n'existe-t-il que dans la mesure où nous le percevons ?

---

[*] *Zen Mind, Beginner's Mind*, New York, Weatherhill, 1979.

Et vous, cher lecteur, chère lectrice, est-ce que vous existez s'il n'y a personne pour vous percevoir, pour vous renvoyer une image de vous-même ?

Méditer sur ces questions peut nous aider à ouvrir l'esprit et le cœur sur le mystère de l'existence et de la nature humaine.

MÉDITATION SUR LA QUESTION : « QUI SUIS-JE ? »

Pour connaître sa nature profonde, pour « voir dans sa propre nature », selon l'expression de Houeï-Nêng, quoi de plus simple que de regarder à l'intérieur. Vous voulez savoir « qui » ou « ce que » vous êtes ? Posez la question !

Évidemment, il y a plusieurs façons de poser une question. On peut la poser du bout des lèvres. On peut la poser par curiosité, avec sa tête, de façon intellectuelle. On peut la poser avec le cœur, avec sincérité. On peut aussi la poser avec ses tripes, avec tout son être, en en faisant une question de vie ou de mort.

La question « Qui suis-je ? », dans son sens le plus profond, *est* une question de vie ou de mort. Et ce n'est que si elle est abordée de cette façon qu'on peut espérer une réponse.

Il faut donc la vivre cette question, la ressentir, la souffrir, jusqu'à ce qu'elle devienne une totale obsession. Il faut la poser encore et encore et *jamais n'accepter aucune réponse pour vraie.*

Car la réponse qu'on peut espérer n'est pas vraiment une réponse à une question. La réponse qu'on peut espérer, si la température est favorable, qu'il n'y a pas de vents contraires et que les dieux sont biens disposés, consistera dans le remplacement de toutes les questions et de toutes les réponses par une conversation intime avec Dieu sur le temps qu'il fait de l'autre côté de l'Univers.

On peut contempler la question pendant les méditations silencieuses. On peut la porter en soi toute la journée comme une sorte de mantra. On peut aussi mettre sur papier, sous forme d'écriture automatique, et ceci pendant aussi longtemps qu'il est possible de le faire, toutes les réponses qui se présentent, en réfléchissant le moins possible. On peut mettre la question dans ses céréales le matin. On peut aussi l'utiliser pour se brosser les dents ou nettoyer le plancher.

Plus la question sera posée avec la totalité de l'être, plus le temps sera favorable, moins les vents seront contraires et plus les dieux seront bien disposés.

16

Le scientifique, le saint et le sage

E t la sagesse ? Est-ce une question de connaissance ou de comportement ? Et la sainteté ? Un sage est-il nécessaire-ment un saint ? Et vice versa : un saint est-il automatiquement un sage ? Et les scientifiques ? Quel rapport entretiennent-ils avec la sagesse ? Les connaissances scientifiques ont-elles rendu l'homme plus sage ? Plus heureux ?

Science et spiritualité

Faute d'une spiritualité véritable, intime, personnelle, nous, humains, avons toujours eu besoin de valeurs de référence « extérieures » pour nous « fournir » un modèle de l'univers et nous indiquer les bons choix à faire dans la vie. Pendant la plus grande partie de l'histoire de l'humanité, les religions ont joué ce rôle. En faisant la part des choses entre le bien et le mal, elles nous sécurisaient par rapport à la bonne voie à suivre.

La pensée scientifique nous a libéré progressivement de ce modèle enraciné pour une bonne part dans la superstition, et qui a généré tant de souffrances pour l'humanité. Aujourd'hui, nous avons remisé les curés dans les musées et installé à leur place les scientifiques, entre les mains desquels nous remettons nos vies. Nous nous tournons maintenant vers la science pour nous sécuriser. Mais, sommes-nous vraiment plus sages que par le passé ?

Bien sûr, nos cultures occidentales sont plus évoluées socialement qu'au Moyen-Âge. Les hommes n'ont plus droit de vie ou de mort sur leurs femmes et leurs enfants. L'esclavage a disparu en grande partie, etc. Mais ces changements n'affectent que les niveaux les plus superficiels de l'expérience humaine, c'est-à-dire les niveaux de la personnalité et des rôles sociaux. Ces transformations sont certainement souhaitables mais elles ne touchent pas l'âme humaine dans ce qu'elle a de plus profond. La démocratie, par exemple, a modifié quelque peu les rapports de force entre les citoyens et leurs gouvernements mais a-t-elle rendu ces mêmes citoyens plus libres intérieurement, plus capables de compassion ? Les femmes acquièrent des droits qui ont été réservés aux hommes pendant des millénaires et c'est très bien. Mais sont-elles moins angoissées qu'au siècle dernier, qu'il y a deux mille ans ? Sont-elles plus heureuses ?

Là où ça compte vraiment, dans nos rapports avec nos émotions, nos pensées, dans notre rapport avec la mort, sommes-nous plus avancés ? Rien n'est moins certain. En fait, l'angoisse est plus palpable que jamais. La technologie nous permet de tourner en rond de plus en plus vite, avec de plus en plus d'efficacité ; mais une confusion de plus en plus grande en est le résultat. Nous sommes assurés à 360 degrés contre le feu, le vol, les accidents, la maladie et même la mort. Et, pendant ce temps, le taux de suicide augmente en flèche. Jamais les moyens de communication n'ont été aussi puissants ; et jamais les gens n'ont souffert autant de solitude ! Derrière cette sécurité bien mince que nous offre la science, nous sommes toujours les mêmes enfants apeurés. Nous avons le droit de vote et pouvons naviguer sur Internet à la vitesse de la lumière ; mais la mort nous fait toujours aussi peur. Et il en sera toujours ainsi. Aucune technologie, aussi avancée soit-elle, n'y pourra jamais rien. Car la sécurité véritable ne peut venir que de l'intérieur.

Quand j'ai quitté mon poste de professeur à l'université, c'est aussi la « science » ou, si l'on veut, l'approche scientifique de la vie, que je quittais. Formé à la méthode scientifique, je n'y avais trouvé rien de très valable, à mes yeux, pour alimenter ma recherche de l'art de vivre. Pendant deux décennies, je m'étais bourré le crâne d'informations qui me donnaient parfois le sentiment de savoir quelque chose. Mais je me suis vite rendu compte que cette connaissance n'était que factice et que, tout compte fait, je n'avais reçu que très peu de « formation » véritable. Comme tout le monde, je cherchais le bonheur et j'en étais venu à la conclusion que la science ne pouvait rien pour moi à ce niveau.

Aujourd'hui, vingt-sept ans plus tard, ma perception n'a pas tellement changé. Elle s'est, en fait, radicalisée. Bien sûr, la méthode scientifique demeure un outil extraordinaire pour nous faciliter la vie dans le monde matériel. Mais à présent, personne ne s'en rend compte, ce qu'on appelle pompeusement « la science » est devenue une idéologie, une croyance en la toute-puissance de la raison, de l'intellect. La « science » est devenue une religion. La religion des temps modernes. Et comme toute religion, elle a ses dogmes (implicites) et son esprit sectaire. Quels sont ces dogmes ? En voici quelques-uns : l'univers est matériel, la matière est « explicable ». Où est l'esprit sectaire ? Dans la croyance que la méthode scientifique est le seul outil valable de connaissance. L'autre jour, à la radio, un auditeur qui suggérait au psychologue de service que le suicide chez les jeunes est peut-être causé par un manque d'amour, s'est fait répondre que la chose n'est pas prouvée scientifiquement. La discussion s'est arrêtée là ! Il n'y avait plus rien à dire.

Sous l'emprise des scientifiques, grands prêtres de l'ère moderne, la vie est devenue technologique, l'amour, chimique, et la mort, un ennemi à terrasser ; l'être humain est réduit à l'ensemble de ses comportements observables et l'univers, à un jeu de billard pour initiés.

Depuis quelques décennies, certains chercheurs font des rapprochements entre les théories de la physique contemporaine et les traditions spirituelles, orientales en particulier[*].

---

[*] Voir par exemple *Le tao de la physique* de Fritjof Capra (Paris, Sand, 1985), ou le récent livre de Matthieu Ricard et Trinh Xuan Thuan, *L'infini dans la paume de la main* (Paris, Fayard, 2000).

Rapprochements par ailleurs passionnants qui sont surtout consolants pour les spiritualistes qui y voient une sorte de confirmation de leur point de vue. Malheureusement, les théories de la physique ne resteront toujours que des théories, c'est-à-dire des idées susceptibles d'être remplacées par d'autres idées éventuellement plus «performantes». Au mieux, la méthode scientifique peut nous informer sur le «comment» des choses et nous aider à en tirer profit en permettant de développer des technologies. Mais elle ne sera jamais un outil de connaissance de leur nature profonde. Par définition, elle ne pourra jamais offrir de certitudes et donc avoir un impact important sur notre compréhension de l'art de vivre.

Les traditions spirituelles, par contre, constituent un corps de *connaissances* issues d'une séries d'*expériences* intimes personnelles accessibles à quiconque veut bien entreprendre le voyage. Cette capacité du chercheur spirituel de communier avec la nature profonde des choses est porteuse d'un pouvoir de transformation extraordinaire. Et la sagesse véritable ne peut être que le résultat d'une lente maturation de l'expérience intérieure, de la conscience issue de cette expérience. Les idées, les théories, peuvent inspirer des changements sociaux et même des révolutions, mais ne peuvent produire d'évolution véritable, d'évolution spirituelle. On ne fait, en somme, que réarranger la donne. On se retrouve toujours avec les mêmes cartes dans son jeu. Aucune découverte scientifique, aucune théorie, ne pourra jamais générer une seule goutte de sagesse, une seule goutte de joie profonde, de sérénité.

La révolution scientifique n'a pas rendu l'homme plus heureux. Et l'humanité est maintenant prête pour la vraie révolution : celle du cœur et de la Conscience, qui nous libérera cette fois de la tyrannie de la pensée. La pensée, qu'elle soit scientifique, philosophique ou autre, doit être une servante et non un maître. En fait, elle *est* une servante. Nous ne le voyons pas tout simplement. C'est le niveau de conscience ou d'éveil spirituel qui conditionne le type de pensées auxquelles nous accordons de l'importance. De la même façon que l'enfant de trois ans ne pense pas comme celui de huit ans et que celui de huit ans ne pense pas comme celui de quinze ans, le primate spirituel – que nous sommes la plupart du temps - n'élaborera pas le même type de théorie, n'entreprendra pas le même type de recherche scientifique que l'âme évoluée. Et de la même façon que le jeune enfant se blesse facilement par manque d'expérience, notre primate risque fort de se détruire lui-même par manque de sagesse. Il y a déjà longtemps, André Malraux déclarait que le prochain siècle « sera spirituel ou ne sera pas ». À cela, on pourrait ajouter que le vingt et unième siècle sera spirituel si, et seulement si, un nombre suffisant d'hommes et de femmes se tournent vers l'intérieur et s'éveillent spirituellement.

Les scientifiques sont dangereux parce qu'ils n'ont, pour la plupart, aucune compréhension à ce niveau. Ce manque de profondeur les rend arrogants envers la nature dont ils ne sont, en réalité, que les rejetons. Ils ne réalisent pas l'ampleur des forces cachées qu'ils manipulent, et ressemblent trop souvent à ces enfants qui s'amusent avec des obus trouvés sur la plage en croyant qu'il s'agit de jouets. Si leur science se développait autour d'un cœur spirituel, leurs technologies seraient alignées sur un profond respect de la Terre-Mère plutôt que sur un idéal de conquête. Les populations de poissons et d'animaux ne seraient plus considérées comme des « stocks » et le ventre de notre planète comme un dépotoir pour toutes les machines électroniques, radioactives ou autres, qui font la fierté de nos apprentis-sorciers.

Quand réalisera-t-on qu'une vie réussie ne s'évalue pas en termes de « niveau de vie » mais en termes de « niveau de conscience »? Nos scientifiques ont transformé la terre en un tel capharnaüm qu'il est devenu presque impossible d'y vivre simplement, du moins dans le monde occidental. Il y a des machines partout. Le matin, on se fait réveiller par une machine, on se rase avec une machine, on mange à l'aide de machines, on se transporte dans une machine pour aller travailler avec des machines et interagir avec des humains qui deviennent de plus en plus comme des machines, à force de remettre leur vie entre les mains de machines. Et pour se reposer, le soir, on s'assoit devant une autre machine en attendant de mourir, branché à une machine. Les gens vivent de plus en plus seuls, entourés de plus en plus de machines inertes en plastique qui leur procurent un faux sentiment de sécurité. La vie fout le camp, mais on continue de nous faire miroiter l'omnipotence de la science qui finira bien par résoudre tous les problèmes. On finira bien par inventer LA machine ! Personne ne voit que le poison est dans le remède. La machine est le symbole même du vide spirituel. Elle n'est pas mauvaise en soi. Mais nous oublions une loi fondamentale : « Tu deviens ce que tu contemples... » À force de fréquenter des machines, on devient soi-même une machine.

Non, la communauté scientifique n'est pas sage ! Leur science n'est que trop souvent l'expression de l'apothéose de l'ego humain, perdu dans une frénésie de conquêtes. J'ai mal à mon cœur d'humain chaque fois que je monte dans mon automobile, que j'achète un produit en plastique. Cette douleur devient lancinante quand je dois jeter ces créations aussi douteuses que pratiques pour l'ego. Car toutes ces inventions ne sont que des tentatives de nourrir l'ego, de le consolider, le pomponner, le rassurer, le sécuriser. On a inventé le confort parce que le bonheur paraît inaccessible. Ou plutôt : le confort est devenu la version scientifique du bonheur. À quand le cercueil chauffé et muni d'un déshumidificateur ?

Ô ma mère !
Ô ma terre !
Tu souffres, je le vois bien.
Tu souffres du cancer.
Et ma douleur est infinie
car j'ai compris :
ce cancer, c'est l'enfant que tu portes,
c'est moi !

La Réalité dépasse l'intellect

Plus la science officielle plongera au cœur de la matière, plus elle rencontrera le paradoxe. Les physiciens du temps de Newton avaient une idée très claire du fonctionnement de l'univers, vu comme une grosse machine sur laquelle on avait projeté les lois de la logique. Depuis Einstein, les choses sont beaucoup moins évidentes : le temps et l'espace sont relatifs, la lumière est devenue à la fois une onde et une particule. On se rend maintenant compte qu'on ne peut plus observer un électron sans modifier sa vitesse et sa direction. De plus en plus on parle de probabilités, d'incertitudes. Tôt ou tard, on devra constater que la méthode scientifique mène à une impasse sur le plan de la connaissance de la nature profonde des choses. Tôt ou tard, tous les adorateurs de la raison qui croient implicitement que la science leur apportera un jour le bonheur et la paix devront retourner à la case départ et chercher ailleurs.

Si la physique a plus d'incertitudes à offrir que de certitudes, que dire de la psychologie ? Si la présence de l'observateur en physique modifie la chose observée, que dire des expériences psychologiques qui sont à peu près toutes basées sur des observations dites « objectives » et où l'interaction entre l'expérimentateur et le sujet de l'expérience est constante ? En fait, la « science psychologique » est déjà dans une impasse. La recherche fondamentale n'est pas tellement plus avancée aujourd'hui qu'il y a trente ans.

Je suis entré en psychologie en 1966 parce que je m'intéressais au psychisme humain et animal. J'ai mémorisé quelques bidules sur notre façon d'apprendre et nos motivations. J'ai écrit une thèse de maîtrise et une thèse de doctorat. On m'a décerné un Ph.D., mais je suis ressorti de l'université les mains vides. Si le monde matériel n'est pas « matériel » et si son organisation n'est pas logique ou rationnelle, où peut bien nous mener une science qui prend pour acquis que la matière est « matérielle » et que son mode d'organisation est rationnel ?

Le besoin de connaissance est un des besoins les plus profonds de l'humain. Mais nous cherchons à partir de la mauvaise base d'observation : notre petit intellect. La seule connaissance qu'on peut espérer en obtenir restera pour toujours intellectuelle. De la même façon que nous cherchons vainement l'Amour divin à travers les aléas de l'amour humain, que nous cherchons sans succès la Joie à travers les plaisirs passagers, nous cherchons la Connaissance à travers l'intellect, à travers la science ou la philosophie. Et nous n'allons nulle part !

La Réalité dépasse infiniment l'intellect. C'est ce que nous apprend la « science » de la méditation. Sa méthode n'est pas hypothético-déductive, mais expérientielle, intuitive. La connaissance véritable ne peut être que directe. Le mysticisme authentique, que les scientifiques matérialistes considèrent trop souvent comme un dérèglement chimique, constitue la voie royale non seulement vers la connaissance de soi et de l'univers, mais également vers la paix intérieure et la joie profonde.

L'absolu existe ! La nature fondamentale de l'univers, et par conséquent du monde matériel, est spirituelle. La Réalité est un mystère d'une profondeur infinie. Pour connaître ce mystère, il faut sortir du mental individuel, du bio-ordinateur qui nous sert de conscience dans la vie de tous les jours et qui réduit la Réalité à un ensemble de perceptions sensorielles. Mises à part les drogues hallucinogènes (dangereuses), la méditation est le seul outil qui permet de réaliser cette sortie.

Le saint et le sage

Le sage véritable dépasse et maîtrise la pensée. Celle-ci n'est plus pour lui qu'un outil au service de la Conscience, de l'Amour. Il ne pense pas sa vie, il *est* la vie. Cette vie qui est devenue pour lui quelque chose de totalement impersonnel.

Alors seulement l'être humain peut jouer parfaitement, sans l'interférence de l'ego, le rôle cosmique qui lui est dévolu. Ce sage peut être un cordonnier, tout simplement, qui ne fait rien d'autre que des souliers. Mais ses souliers sont devenus des souliers Cosmiques car c'est le Cosmos qui les fabrique. Ils auront une vibration particulière qui fera du bien à quiconque les chaussera. Ce peut être ce cuisinier qui met tellement d'amour et de présence dans les plats qu'il prépare qu'on se sent irrésistiblement attiré à sa table encore et encore ; ou tout simplement cette vieille dame, bonne comme du bon pain, qui vit seule dans son appartement au coin de la rue et que tout le monde adore. Ce sage peut aussi bien être un musicien de rue qu'un maître spirituel. Dans tous les cas, ceux qui entreront en contact avec lui, ou elle, seront « béatifiés » car c'est avec leur propre intimité cosmique qu'ils entreront en contact.

Rarissimes cependant semblent être ceux qui arrivent à fonctionner en tout temps à partir de cet espace impersonnel. L'intégration complète de la conscience individuelle à la Conscience Cosmique exige un approfondissement presque infini de la compréhension et une vigilance de tous les instants. Peut-être n'est-il possible que de s'approcher plus ou moins de cet « état de grâce ».

Une chose est évidente en tous cas : la plupart de nos gourous, maîtres zen ou autres guides spirituels actuellement sur le « marché de la Conscience » sont toujours en développement à cet égard*. Et ceci est trop souvent dissimulé aux chercheurs qui les suivent et qui, à cause de ce malentendu, leur vouent un culte de personnalité nuisible et parfois destructeur.

Le véritable sage, de toute façon, n'a probablement aucune idée de ce qu'est la sagesse. Cette dernière n'est pas un « savoir » mais plutôt un espace de créativité directement branché sur le Cosmos. Il n'a aucune idée non plus de ce qu'est la sainteté. Et il n'en a que faire. Il n'est plus que l'instrument de la Conscience Divine. Il n'agit pas en fonction de principes ou de lois morales.

---

* Lire à ce sujet, *After the Ecstasy, the Laundry*, de Jack Kornfield, New York, Bantam Books, 2000.

Le saint, lui, est quelqu'un de totalement prévisible. Dans une situation donnée, on peut s'attendre qu'il se conduira comme un saint, c'est-à-dire avec abnégation, douceur, etc., ou tout au moins qu'il adoptera le comportement requis d'un saint, dans sa culture particulière.

Le sage est totalement imprévisible puisque chacune de ses paroles, de ses actions, est une pure création spontanée qui tient compte de *tous* les besoins d'une situation donnée, visibles et invisibles. Il ne ressemble à personne d'autre qu'à lui-même et fait souvent figure d'excentrique.

Le saint, du moins tel qu'on le conçoit habituellement, est quelqu'un qui a investi de façon massive la dimension positive de sa psyché et qui a réussi, du moins dans son comportement extérieur, à atteindre l'idéal religieux ou social qui correspond à ses propres valeurs culturelles. C'est pourquoi il est admiré de tous ; parce qu'il correspond à l'idéal moral d'un peu tout le monde. Même le criminel reconnaît le saint.

Mais ce qui se passe dans l'inconscient de ce saint ne doit pas être toujours très joli. Car il vit comme nous tous dans un monde de dualité. Toute cette énergie positive doit être compensée quelque part par sa polarité négative. C'est la loi. Son côté sombre n'attend que la moindre seconde d'inattention pour frapper. Qui n'a pas entendu une de ces histoires de saints torturés la nuit par des apparitions du diable venant les « tenter »? Le diable n'est que la face cachée, souterraine, de ce Dieu qu'il prie pendant la journée. Et alors qu'il bénit son voisin ou sa voisine le jour, le saint est peut-être occupé à des activités beaucoup plus pornographiques ou violentes la nuit venue. Mais leurs admirateurs ne veulent pas savoir ce genre de choses. On veut garder son image sainte « bien propre ».

Le véritable sage, le pur, le rarissime, ne vit plus dans la dualité. Il fonctionne au-delà du bien et du mal. Aucun diable ne peut le tenter parce qu'il n'y a plus personne à tenter. Il n'a plus d'ego. Plus d'inconscient, du moins dans le sens où l'entend la psychologie. Il *est* tout simplement. Il n'a pas un monde intérieur le jour et un autre la nuit. «*What you see is what you get*», comme disent les Américains. Il ne donne pas son amour, il *est* Amour parce qu'il est devenu l'Existence même et que l'Existence est Amour.

Si le véritable sage est très rare, il est possible par contre pour nous tous d'accéder à la Sagesse, momentanément. Le chercheur spirituel peut, par la méditation et selon le niveau d'éveil à partir duquel il fonctionne, transformer concrètement sa relation à la vie et aux autres. La sagesse lui est accessible à chaque fois qu'il plonge dans l'instant et qu'il branche son attention sur l'espace impersonnel qui constitue sa nature profonde. Dans ces moments privilégiés, l'Intelligence Cosmique remplace l'intellect, l'ego. Il n'y a plus alors personne vraiment pour être sage. La Sagesse ne peut avoir d'auteur. Elle n'est qu'un autre reflet de la Conscience, de la Paix, de l'Amour. Le Sage est le Créateur du présent éternel, le pont entre le cœur divin et le cœur humain. L'expression de la sagesse est donc, qu'elle soit momentanée ou permanente, toujours accompagnée de compassion. La relation entre la compassion et la sagesse est la même qu'entre la Conscience et l'Amour.

La sagesse est toujours là, disponible au fond de l'Être. Elle l'est aussi pour le scientifique, l'intellectuel, le saint ou même le meurtrier. Il suffit, pendant quelques minutes, d'oublier son nom, son pays, sa maison, et d'ouvrir grandes ses oreilles à la petite voix intérieure, la voix de la lumière et du cœur.

17

Un voyage éternel

Depuis le début de ce livre, nous avons joué avec les mots, les pensées, les images, les émotions. Peut-être n'avons-nous cherché, au fond, qu'à rassasier l'esprit pour l'épuiser, le calmer, l'arrêter. Évidemment, rien n'a été dit vraiment. Le mot *vie* n'est pas la vie. Le mot *paix* n'est pas la paix. Pour savoir, pour voir, chacun doit entreprendre son propre voyage.

Derrière tous ces mots, toutes ces pages, il y avait un élan, une passion pour l'Absolu, pour la vie, pour l'aventure. Toutes ces images n'ont été qu'une tentative de stimuler ou de réveiller votre passion. Qu'une façon de faire l'invitation au voyage. Nous sommes tous dans le même bateau, un bateau de souffrance qui flotte sur l'Amour. Cessons de courir dans tous les sens, de scruter sans cesse l'horizon pour trouver Le sens.

On peut bien, tant qu'on veut, chercher un sens à la vie humaine : réussir sa carrière, créer des œuvres immortelles, se donner aux autres, évoluer spirituellement. Selon qu'on est chrétien, communiste, matérialiste ou spiritualiste, on trouvera toujours des raisons de vivre. Mais toujours ce seront des raisons, en fait, pour se sécuriser devant l'inconnu de l'aventure humaine.

C'est le mystère de l'existence qui en fait toute sa beauté.

Le voyage auquel vous êtes conviés consiste simplement à plonger dans ce mystère pour qu'enfin l'absurdité puisse faire place à la tendresse. L'Amour n'a pas besoin de sens. Aucune compréhension ne pourra jamais démystifier la beauté d'une caresse, d'un frisson d'amour ou d'une douleur bien placée. Une vie comprise n'est pas une vie vécue. Faut passer à l'innocence, un bouquet de roses dans la tête. Faut partir pour ne plus revenir. Faut partir jusque derrière le temps qui passe et se perdre dans l'Éternité.

> *Viens! On s'en va!*
> *J'ai rien oublié!*
> *Pas une violette ne m'a échappé,*
> *pas un craquement de bouleau ni d'érable.*
>
> *Viens ruisseau!*
> *Viens couler dans mes veines!*
> *Allons disparaître dans la mélancolie des pierres!*
> *Allons nous donner aux nuages!*
> *Perdons-nous dans la joie de la terre chaude!*
> *Viens ma rivière!*
> *Je me couche avec toi dans ton lit d'innocence!*
> *Viens te répandre en flaques de lumière en moi!*
> *Viens remplacer mon cerveau dans ma tête!*
> *Viens! On s'en va derrière le temps!*
> *Derrière le Silence!*
> *Viens!*
> *On ne quitte rien! On emporte tout!*

Derrière le Silence

> *Derrière le présent... le Silence.*
> *Le chant du Silence.*
> *Derrière le Silence, l'Amour; derrière l'Amour, la Joie; derrière la*
>   *Joie, la Paix; derrière la Paix, le Silence.*
> *Derrière la Vie, le Mystère; derrière le Mystère, le Vide; derrière le*
>   *Vide, le Silence.*
> *Derrière le Silence, l'Infini; derrière l'Infini, la Joie; derrière la*
>   *Joie, l'Amour; derrière l'Amour... le Silence.*

Derrière l'arrivée, le départ ; derrière la Mort, la Vie ; derrière la Vie... le Silence.

Derrière le Silence, l'Enfance ; derrière l'Enfance, l'Homme ; derrière l'Homme... le Silence.

Un voyage...

«La vérité, toute la vérité et rien que la vérité ! », exhorte le juge.

Alors l'homme, avec une grande douceur, fixe le juge droit au cœur. Ses yeux deviennent transparents et il se met à reculer, lentement, à l'intérieur de lui-même, jusqu'à disparaître de son propre regard.

Pendant quelques secondes, le juge ne voit plus qu'un halo de lumière et se sent dériver doucement vers l'arrière de sa conscience, comme emporté par un courant intérieur.

Un silence délicieux descend sur lui...

Sans le réaliser, il vient de comprendre toute sa vie.

Devant le miroir, il enlève sa perruque et regarde sa tête d'homme. Et, dans ses yeux bleus fatigués, il voit une lumière qu'il n'avait jamais vue. Et, de nouveau, un merveilleux silence enveloppe toute son âme.

Alors, sans trop savoir pourquoi, le juge décide de remiser sa toge et d'entreprendre un long voyage pour retrouver la rue et la maison d'avant sa naissance. Un voyage jusqu'au fond de la mer, dans ce pays où il ne sera plus ni juge, ni parti, ni jeune ni vieux, ni beau, ni laid. Un voyage jusqu'au cœur de l'Univers, jusque derrière la Lumière. Un voyage...

TABLE DES MATIÈRES

Préface 9

Prologue 11

Chapitre   1 : Un voyage au pays du fond des choses 13

Chapitre   2 : L'impasse salutaire 15

Chapitre   3 : La sortie est à l'intérieur 21

Chapitre   4 : En profondeur 33

Chapitre   5 : Le corps, un microcosme........................... 39

Chapitre   6 : Sexe et spiritualité 45

Chapitre   7 : L'ego : « Je pense donc... suis-je ? » 51

Chapitre   8 : Se reposer dans la souffrance 59

Chapitre   9 : L'amour ? 71

Chapitre 10 : Du plaisir à la Joie 81

Chapitre 11 : L'état de grâce 87

Chapitre 12 : La mort ? 95

Chapitre 13 : Le maître spirituel 103

Chapitre 14 : Communauté spirituelle ou secte ? 115

Chapitre 15 : L'illumination ? 123

Chapitre 16 : Le scientifique, le saint et le sage 137

Chapitre 17 : Un voyage éternel 149